Thomas Frings

Aus, Amen – Ende?

Der Autor

Thomas Frings wurde 1987 zum Priester geweiht. Von 2009 an war er Pfarrer der Heilig-Kreuz-Gemeinde in Münster, seit 2010 Mitglied und seit 2014 Moderator des diözesanen Priesterrats. Durch seine Amtsniederlegung im Frühjahr 2016 wurde er national bekannt. Zwischenzeitlich wohnte er in einem Benediktinerkloster in den Niederlanden, jetzt lebt er in Köln. Thomas Frings ist Großneffe des Kölner Erzbischofs Kardinal Joseph Frings.

Thomas Frings

Aus, Amen – Ende?

So kann ich nicht mehr Pfarrer sein

FREIBURG · BASEL · WIEN

Neuausgabe 2018

© Verlag Herder GmbH, Freiburg im Breisgau 2017
Alle Rechte vorbehalten
www.herder.de

Umschlaggestaltung: wunderlichundweigand, Stefan Weigand
Umschlagmotiv: © Stefan Sättele

Satz: Barbara Herrmann, Freiburg
Herstellung: CPI books GmbH, Leck

Printed in Germany

ISBN Print 978-3-451-03152-6
ISBN E-Book 978-3-451-81432-7

Ich widme dieses Buch den Menschen in den Gemeinden St. Bonifatius (Freckenhorst), St. Agatha (Münster-Angelmodde), St. Ludgerus (Münster-Albachten) und Heilig Kreuz (Münster), mit denen ich Wege nach Gott und der Glaubensverkündigung gesucht habe.

Namentlich bedanke ich mich bei Pfarrer Walter Schüller, der das Beste war, was mir als jungem Kaplan begegnen konnte. Sowie bei den hauptamtlichen Seelsorgern und Seelsorgerinnen, mit denen ich gerne im Team gearbeitet habe: Matthias Könning, Silke Maria Reichstein, Stephanie Heckenkamp-Grohs, Hendrik Werbick, Stephanie Lichters, Georg Kreilkamp, Andreas Wojcik, Pater Klaus Sanders (†), Daniel Drescher, Franz-Josef Wille, Myriam Höping Klaus Jansen, Marianne Kamlage und in vielen Fällen auch deren Ehepartnern.

Ein Dank gilt auch den Menschen, mit denen ich an den verschiedenen Stellen in den Pfarrhäusern zusammen gelebt und dank deren ich mich selten einsam gefühlt habe. Namentlich sind dies Monika und Peter Pohl mit ihren Kindern Kirsten und Nicolai sowie mehr als einem Dutzend Studentinnen und Studenten.

Meine Geschwister Lisa, Peter und Alaza sind mir immer liebevolle und kritische Begleiter auf dem Weg gewesen und seit Studienbeginn auch die Mitbrüder Hans Karl Seeger in den 36 Jahren als mein Spiritual und Heio Weishaupt.

Egbert Kimm danke ich für die Hilfestellung bei der Syntax, der aus dem geschriebenen Text manchen Stolperstein entfernt hat.

Ein besonderer Dank gilt Simon Biallowons vom Verlag Herder, ohne dessen Hilfe dieses Buch so nicht entstanden wäre.

Inhalt

Vorwort 8
»?Kurskorrektur!« 13
»Dass alles wieder wie vor dreißig Jahren ist« 23
Berufen oder verdammt zur Hoffnung? 27
Die Kirche muss im Dorf bleiben 34
Hört Gott uns nicht? 40
»O Gott, mein Kind will Priester werden!« 47
Samstags läuft das Spiel
»Messe gegen Sportschau« 52
Es könnte alles besser sein,
wenn nicht das Bodenpersonal … 57
Das Heilige als Mittel zum Zweck? 63
Das vergessene Versprechen 72
Das letzte Wort ist noch nicht gesprochen 77
Grandhotel Erstkommunion 82
Klimawandel in der Kirche –
und wir können nichts tun? 87
Hausgemachte Enttäuschungen 93
Liebe macht blind 97
Alt, weise – wichtig 102
Chefetage, Mitarbeiter, Kunden 107

Christ ist man am Sonntag um zehn 111
Servicewüste Kirche 115
Der barmherzige Samariter im Sozialstaat 120
Kein Entkommen?! 127
Alle Päpste gehen zur Beichte 131
Eine Pastoral der Vergeblichkeit? 136
»Der unter dem Teppich ist der Oberchecker!« 141
Auf dem Weg zur Entscheidungsgemeinde 145
Nachwort 171
»Selig sind die Suchenden« 176

Vorwort

Nach dreißig Dienstjahren war auf einmal Schluss für mich. Schluss mit meinem Beruf als Pfarrer, Schluss mit meinem aktiven Dienst im Bistum Münster. Ich habe mich beurlauben lassen und bin weg aus dem Umfeld, das für Jahrzehnte meinen Alltag, mein Leben, meine Person geprägt hat. Vorausgegangen waren Exerzitien, bei denen unser Weihekurs plötzlich ohne Exerzitienleiter dastand, weil dieser zum Ordensoberen gewählt worden und nach Rom gegangen war. Ich hatte also auf einmal richtig viel Zeit. Zeit, zurückzublicken, Zeit für eine *révision de vie*. An deren Ende las ich meine Aufzeichnungen durch und fragte mich: »Und jetzt?« Denn eines war mir klar: So wie bisher konnte und wollte ich nicht weitermachen. Ich war ausgesprochen gerne Pfarrer und bin noch immer gerne Priester. Aber so konnte es einfach nicht weitergehen. Die Stellungnahme, in der ich meiner Gemeinde erklärte, warum ich mich beurlauben ließe, war überschrieben mit dem Wort »?Kurskorrektur!«. Darunter mein Rückblick, zusammengefasst, persönliche Eindrücke und Wahrnehmungen meiner Dienstjahre sowie die Konsequenzen, die ich für mich gezogen hatte. Zu meiner eigenen Überraschung wurde dieser Text schnell verbreitet, aufgegriffen und zitiert, in theologischen Zeitschriften, regionalen und überregionalen Zeitungen, aber auch Priesterräten und Kreisen hauptamtlicher Mitarbeiter in der Seelsorge in Deutschland und sogar darüber hinaus. Ich bekam Hunderte Briefe und Mails und war jedes Mal noch überraschter von dem, was mein kurzes Schreiben und meine Entscheidung offenbar angestoßen oder zumindest angesprochen hatte.

1980 habe ich mein Theologiestudium in Münster begonnen, wurde 1986 zum Diakon geweiht, ein Jahr später zum Priester. 25 Jahre lang war ich Pfarrer in drei Gemeinden. Sie alle waren Teil der Stadt Münster in Westfalen und doch unterschiedlich. Nicht nur in Bezug auf ihre Größe, von knapp über eintausend Mitgliedern bis hin zu mehr als zehntausend. Nein, sie waren auch unterschiedlich geprägt, waren ländlich oder städtisch, akademisch oder bürgerlich, hatten eine lange oder kürzere Geschichte, waren fusioniert aus anderen Gemeinden oder selbstständig. Man kann sagen: Ich habe zwar sicher nicht alle, aber doch viele Facetten und Arten von Gemeindeleben kennengelernt.

In diesen Jahren habe ich viele ausgezeichnete Vorträge, Studien und Analysen von Fachleuten, Soziologen und Pastoraltheologen gehört und gelesen. So viele kluge Frauen und Männer, die sich geäußert haben zur Situation der Kirchen und der Gemeinden in Deutschland und zu Fragen wie: Woher hat sich manches warum wohin entwickelt? Womit lässt sich der Bedeutungsverlust in der Gesellschaft erklären? Wo bekommt man Hilfe? Wie können Antworten aussehen? Wie leben, denken, fühlen Menschen heute und was hat das für Folgen für den Glauben? Wie kommunizieren Menschen heute? Welche Institutionen erleben ebenfalls Relevanzverlust? Im Rückblick sind manche der Artikel und Reden etwas zeitgebunden, befindet sich Gesellschaft doch in einem andauernden Veränderungsprozess, doch im Wesentlichen sind sie bis heute gut, gültig und hilfreich.

Dieses Buch ist keine solche wissenschaftliche Arbeit. Hier spricht ein Pfarrer über seine persönlichen Erfahrungen und Beobachtungen. Es geht darum, wie die Entwicklung für mich aussieht, was ich mir anders und anderes vorstellen könnte, woran ich einfach nicht mehr glaube und woran schon noch, und, vor allem: Wo gibt es so etwas wie eine Vision, wie kann es weitergehen? Denn weitergehen muss es.

Nahezu alle Rückmeldungen auf meine Rücktrittserklärung waren zustimmender Art, wurden von hauptamtlichen Seelsorgern geteilt und bestätigt. Es gab auch ganz konkrete Einladungen von Kirchen, Orden, Gemeinschaften und Gruppen, innerhalb wie außerhalb der katholischen Kirche, mich ihnen anzuschließen. Selbst den Hinweis, dass auf meine »?Kurskorrektur!« doch logisch ein Kirchenaustritt folgen müsse. Das aber kommt für mich nicht infrage. Auch wenn ich manches in dieser Kirche kritisch sehe, so bin ich doch mit Freuden Priester in genau dieser Kirche. Ich sage Aus und Amen, aber eben nicht Ende. Denn ich liebe diese Kirche.

»Extra ecclesiam non salus – außerhalb der Kirche kein Heil«, hieß es früher im Hinblick auf das Seelenheil des Menschen. Diese Aussage übertrage ich auf mein Verhältnis zur Kirche. Die Kirche bildet den objektiven Rahmen für meinen subjektiven Glauben. Ich weiß genau: Ich wäre hoffnungslos überfordert, wenn nur das, was ich glaube, der Maßstab wäre für mich und für andere. Zugleich kann ich nicht mit Ja antworten, wenn man mich fragt, ob ich alles glaube, was die Kirche lehrt. Auch nach einem Theologiestudium weiß ich nicht, was meine Kirche in 2000 Jahren alles an Glauben formuliert hat. Nun könnte man unseren Glauben doch einfach auf das Evangelium und das Glaubensbekenntnis reduzieren. Die Erfahrung zeigt aber, dass es dabei nicht bleibt, nicht einmal während einer Pfarrgemeinderatssitzung. Es gibt Interpretationsspielräume und Meinungsverschiedenheiten und vergessen wir nicht, wie sehr unser Glaube orts- und zeitbezogen ist. Sollte jemand meine Predigten, die ich in den vergangenen dreißig Jahren gehalten habe, genau unter die Lupe nehmen, würde er sicher manches Fragwürdige oder mit der Lehre der Kirche nicht zu Vereinbarende finden. Gut, dass ich Teil eines Größeren bin, Teil der Kirche.

Manche der Kapitel dieses Buches überschneiden sich in den Themen, andere beziehen sich aufeinander, dennoch muss man sie nicht chronologisch lesen. Hie und da geht der Rheinländer mit mir durch. Sollte also das ein oder andere zu hart klingen, dann stelle man sich den Autor dabei freundlich lächelnd über die Schulter blickend vor. Keineswegs soll sich jemand verletzt fühlen. An vielen Stellen habe ich allgemeine Formulierungen gewählt, doch wenn sich jemand wiederzuerkennen meint, dann darf er das als persönliche Wertschätzung ansehen. Auch Enttäuschungen sind nicht zu leugnen. Hoffentlich bleibt dennoch die Freude spürbar, im Dienste der Frohen Botschaft einen sinnvollen und wunderbaren Dienst zu tun. Ich bin auch im dreißigsten Jahr immer noch gerne Priester!

»Hättest du geheiratet, wäre es für alle leichter. Der Zölibat und der Bischof wären schuld und wir könnten weitermachen wie bisher. Dass du aber als Pfarrer aufhörst, um Priester bleiben zu können, das stellt uns alle vor eine Frage, Hauptamtliche und die Gemeinden!« Ein lieber Freund und Kurskollege, dem der Heilige Geist die Gabe prägnanter Formulierungen verliehen hat, brachte es auf diese Aussage. Er hatte den Kern getroffen, bevor mir das selbst so deutlich wurde. Erschreckend war jedoch die Rückmeldung, man hätte selbst nie den Mut gehabt, so etwas zu sagen oder zu schreiben. Stimmt das wirklich? Und was sagt das denn aus über unsere Kirche, über die Freiheit und den Mut darin? Genau deshalb meine ich: »?Kurskorrektur!«

»?Kurskorrektur!«

Die Stellungnahme, mit der ich meinen Rücktritt als Pfarrer erklärt habe und die für so viel Wirbel und Trubel, aber vor allem auch für viele wohlmeinende und bestärkende Reaktionen gesorgt hat, war der Ausgangspunkt von vielem und zugleich das, worin sich viele meiner Erfahrungen der letzten Jahrzehnte gebündelt haben und die ich versucht habe, so zusammenzufassen und auszudrücken. Ich will sie deshalb an dieser Stelle noch einmal in ihrer kompletten Länge bringen, einfach deshalb, weil das, was ich bei meinem Schritt gefühlt habe, und auch vorher und jetzt noch, darin zur Sprache kommt:

»?Kurskorrektur!«
Ich habe in meinem Leben viel Glück gehabt. Eine Geburt in stabile familiäre, soziale und gesellschaftliche Verhältnisse. Eine Berufung und Begabung zu einem Dienst in einer Glaubensgemeinschaft gaben mir Halt und Orientierung. Ich hatte die Möglichkeit, zu suchen, und habe gefunden.

An allen Orten, an denen ich als Priester wirken konnte, war ich so, dass ich auf nichts anderes gewartet habe. Innere und äußere Umstände führten zu einer hohen Zufriedenheit. Hätten meine Vorgesetzten mich dort »vergessen«, wäre es eine gute Zeit geworden.

Persönlichen Neigungen konnte ich nachgehen, sei es beim Studium der Kunstgeschichte oder bei Reisen. Ich habe Freude an vielem und habe sie auch noch, die Freude am Schönen.

Aber es stellt sich mir verstärkt die Frage: Wofür lebe ich?

Ich hatte einen Traum, in dem ich eine Sauna betrete, in der es gerade einen Aufguss gibt. Die Menschen schimpfen, weil ich die Türe geöffnet habe. Ich entschuldige mich und setze mich in eine Ecke. Nach wenigen Augenblicken merke ich, dass es in der Sauna ganz kalt ist. Der Ofen heizt, es wird ein Aufguss gemacht, aber es ist kalt. Ich schaue nach oben und stelle fest, dass die Sauna kein Dach hat.[1]

Die Veränderungen im Verhältnis der Gesellschaft zur Kirche, aber auch das Verhalten der Mitglieder in ihr, haben zu einer schrittweisen Veränderung bei mir geführt. Solange ich lebe, kenne ich nur eine schwindende Zahl bei den in der Kirche Aktiven und eine wachsende bei den Kirchenaustritten. Die Reaktionen auf dieses Phänomen sind bei Kirchenleitung, Gemeindeleitung und in den Gemeindegremien sehr ähnlich. Gemeinden, Seminare und Klöster werden geschlossen oder zusammengelegt, um dann meist das Bisherige weiterzumachen.

Als ich 1980 mit dem Studium begann, hieß es, die Nachwuchszahlen gehen bergauf. Das anschließende Sinken wurde mit der sinkenden Geburtenrate erklärt. Als der Rückgang erheblich unter den der Geburtenrate sackte, gab es den Trost, dass die Zahl der Priester im Verhältnis zu den Gottesdienstbesuchern höher sei als noch vor Jahren und weltweit sowieso. Der z.T. hohe Einsatz von Priestern der Weltkirche, ermöglicht durch die Kirchensteuer, überbrückte wiederum einige Jahre. Inzwischen steuern die Eintrittszahlen in den Seminaren mancherorts

---

[1] Dieses Bild gibt den Eindruck wieder, den ich von der Situation der Kirche in unserem Land habe.

auf eine Null-Linie zu. Wir gestalten die Zukunft von Kirche in den Gemeinden immer noch nach dem Modell der Vergangenheit. Auch ich habe dafür nicht die eine Lösung parat. Was erwarten wir von den Männern, die sich in dieser Situation auf den Weg machen, um Priester zu werden? Kann man dafür guten Gewissens noch werben?

Es besteht bei den Antworten auf die Fragen, die sich uns in dieser Umbruchzeit stellen, kein Konsens. Hinsichtlich des Pastoralplans für unsere Gemeinde kam auf die Frage: »Was wünschen Sie sich für die Zukunft?« auch die Antwort: »Dass alles wieder so ist wie vor dreißig Jahren«. Diese Antwort halte ich für die ehrlichste, die mehrheitsfähigste und eine, die ich sogar nachvollziehen kann. Und doch ist es diejenige, deren Wunsch am unwahrscheinlichsten in Erfüllung gehen wird. In was für einem Dilemma befinden wir uns, wenn Wunsch und Wirklichkeit so eklatant im Widerspruch zueinander stehen?

Unsere zahlreichen Kindergärten und Schulen werden als Chance der Glaubensverkündigung gesehen. Ist diese Hoffnung in den letzten Jahrzehnten in Erfüllung gegangen?[2] Ich halte auch hier die Hoffnung, die sich an dieses Projekt bindet, für unrealistisch – die Arbeit an sich ist gut und richtig. Ich stelle die Frage an das Modell, das kaum die Erwartungen erfüllt, nicht an das Personal, nicht an das Engagement für die Kinder und Jugendlichen – nur daran, ob dies wirklich »Lernorte des Glaubens« sind. Wurden die Erwartungen der letzten Jahrzehnte er-

---

2 Zwei Beispiele aus einem Jahr in meiner Gemeinde: Nach vierzig Dienstjahren ist eine Erzieherin eines Kindergartens unmittelbar nach Eintritt ins Rentenalter aus der Kirche ausgetreten und der Lehrer der bischöflichen Schule erkundigte sich anlässlich der Beerdigung seiner Mutter, ob ich wohl der Pfarrer sei. Nur zwei Beispiele, aber aus einem Jahr aus einer Gemeinde.

füllt, als wir auf noch mehr Erzieher/innen zurückgreifen konnten, die eine Glaubenspraxis kannten und lebten?

Was sich unter dem Begriff »Caritas« herausgebildet hat, ließ der Kirche lange Zeit höchsten Respekt zukommen. Das soziale Engagement war eine gute Begründung für eine Kirchenmitgliedschaft. Die letzten Umfragen haben gezeigt, dass die Menschen Caritas und Kirche kaum mehr zusammen sehen. Wofür steht Kirche dann noch bei diesen Menschen? Manche Begründung amtlicherseits zur Kirchenmitgliedschaft offenbart eine sehr praktische und finanzielle Sicht auf Kirche.[3]

Die strapazierte Tugend der Hoffnung erlebe ich auch in der Gemeinde. Sind die Sakramente der Taufe, Firmung und Trauung auf den einmaligen Empfang angelegt, so entfalten sich die der Eucharistie und Beichte gerade in ihrer Wiederholung. Es gibt keine Sakramente der Erstkommunion und der Erstbeichte. Entwickelten sich die Modelle der begleitenden Katechese in einer Zeit, in der sie als Ergänzung zum Besuch der Sonntagsmesse verstanden wurden, so stehen sie heute an ihrer Stelle. Begründet wird das Festhalten an diesem Modell mit der Hoffnung, dass die Saat eines Tages aufgehen werde. Die erste Generation, von der man das erhoffte, kommt ins Rentenalter und tritt vermehrt aus der Kirche aus, wie die letzten Austrittszahlen zeigten.

Die Glaubenspraxis der Menschen hat sich geändert, aber dass Kirche sich an dieser Stelle nicht verändern darf, da sind sich Fernstehende und Verantwortliche einig wie selten. Die ei-

---

3 Ich glaube nicht, dass eine arme Kirche automatisch eine bessere oder überzeugendere ist. Was ich jedoch bei einer armen Kirche für besser halte, ist die realistischere Einschätzung, wer man für die Gesellschaft bzw. Menschen ist, wenn der finanzielle »Mehrwert« wegfällt.

nen wollen nicht die Tradition und die anderen nicht die Hoffnung aufgeben.[4]

Wir haben den Satz: »Die Menschen da abzuholen, wo sie stehen« umzusetzen gelernt. Jetzt müssten wir noch den Umstand akzeptieren, dass immer mehr Menschen gar nicht dahin wollen, wo wir sie hinführen möchten, nämlich zur Mitfeier dieser Sakramente.[5]

Sehe ich zu sehr das Negative? Vielleicht, aber auf dem Sektor habe ich die einzigen Wachstumszahlen in dreißig Dienstjahren zu verzeichnen. Sollte ich mehr die Menschen sehen, die es ernst meinen? Vielleicht, aber diese werden immer weniger. Dürfen sie als Entschuldigung herhalten, alles zu belassen, wie es ist? Wir bedienen zu viel Tradition und wecken zu wenig Sehnsucht. Ich bin kein Verfechter des »heiligen Restes«, wohl aber eines mutigen Abschiednehmens vom Gewohnten, auch wenn es Ärger gibt. Er-

---

4 Leider kommt der Sinn dabei manchmal unter die Räder; Zitat: »Das Ziel unserer Kommunionvorbereitung ist gar nicht, dass die Menschen sonntags wiederkommen.« Wir verändern lieber den Sinn eines Sakramentes, als dass wir uns vom Gewohnten verabschieden. Man könnte die Frage stellen, wo mein Glaube an die Wirksamkeit eines Sakramentes geblieben sei. Rückfrage: Einmal zur Kommunion und zur Beichte und es gibt eine Langzeitwirkung? Was für ein magisches Sakramentenverständnis liegt dem Festhalten an diesem Konzept zugrunde!

5 Mangels Alternativen einigen sich aber Fernstehende und Hauptamtliche darauf, einen Jahrgang lang – wenn die Kinder im dritten Schuljahr sind – so zu tun, als würde man sich gegenseitig glauben, was man sagt. Die Lebenswirklichkeit der Menschen wahrzunehmen, kann aber nicht heißen, die Bedeutung der Sakramente bis zur Belanglosigkeit herabzustufen, nur um alle zu befriedigen: die, die Fotos im Album haben wollen, und die, die ihren Kindern ihre eigene Glaubenspraxis näherbringen möchten. Alle Milieustudien werden ignoriert, wenn es an die Tradition geht, Ärger geben könnte oder mit Kirchenaustritt gedroht wird. Etwa 50 % der Familien kamen in diesem Jahr schon nicht mehr zum Dankgottesdienst, weil der auf einem Sonntag lag; 25 % der Kinder haben schon einen ausgetretenen Elternteil, ein Elternpaar ist unmittelbar nach der Erstkommunion des Kindes ausgetreten, ein Hochzeitspaar in den Tagen nach der Trauung.

möglichen wir allen alles, aber sagen wir auch, was das kostet, und zwar nicht nur an Kirchensteuern, sondern auch im Leben, am Werktag wie am Sonntag. Uns kann das Mitglieder kosten, aber das tut die jetzige Praxis auch. Vielleicht gewinnen wir aber auch Menschen und an Glaubwürdigkeit. Das Risiko ist es mir wert.

Ich feiere mit Freude die Messe, am Sonntag wie am Werktag. Ich freue mich über jede/n, die/der dies ebenfalls tut, und sei es unregelmäßig.[6] In unserer Gemeinde kommen ca. 90 % jedoch nicht wenigstens einmal im Jahr am Sonntag zur Messe, 70 % nicht einmal an Weihnachten.[7]

Dennoch wächst der Spagat zwischen den immer seltener im Leben der Menschen stattfindenden Gottesdiensten (Hochzeit, Taufe, Erstkommunion, Firmung, Beerdigung, Jubiläum, Weihnachten) und der inneren Gestimmtheit dafür, dem Grundgerüst, das man zum Mitfeiern vielleicht braucht. Der Anspruch, dass diese seltene Feier dann serviceorientiert, fehlerlos, auf hohem Niveau »geliefert« werden soll, und die Ahnungslosigkeit nicht Weniger sind für mich immer schwerer auszuhalten.[8]

---

6 Eine geistliche Kraftquelle ist die kleine Gruppe der 0,2 %, die an Werktagen da sind.
7 Von den anderen Gottesdiensten sind mir Beerdigungen die liebsten, kommt es doch zum Schwur, geht es um den Kern, um Verkündigung des Glaubens wie selten. Dass fast alle als Wortgottesdienste gefeiert werden, erleichtert den Zugang zu den Trauernden, steht doch die den meisten fremde Form der Eucharistie nicht »im Wege«. Umso schöner, wenn sie gefragt wird und mitgefeiert werden kann.
8 Selbst kleine Bitten, wie z. B. den Kaugummi rauszunehmen, das Fotografieren zu beschränken, die Baseballkappen abzunehmen, oder ein möglicher Fehler des Priesters im Ton oder persönlichen Verhalten werden mit Unverständnis und der Drohung mit Kirchenaustritt kommentiert.

Gottesdienste mit Suchenden, Fragenden, sogar den bekennend Ahnungslosen zu feiern, ist eine wahre Freude. Ebenso wie die Hochform am Hochfest eine Hochstimmung vermitteln kann. Es ist die Diskrepanz im Inneren mancher Feier, die mich schmerzt – und davon werden es mehr!

Foren, Synoden, Umfragen, Erhebungen, Untersuchungen, Dialoge, Beratungen, Pläne – all das sind notwendige Aktionen angesichts der aktuellen Probleme. Viele Gespräche und Überlegungen bringen Erkenntnisgewinn. Dennoch fällt die Bilanz ernüchternd aus, hat sich doch am Bedeutungsverlust vom in der Kirche gelebten Glauben nichts geändert – und ich glaube, dass sich daran zu meinen Lebzeiten auch nichts ändern wird. Der hochgeschätzte Spiritual Johannes Bours hat bei seinem letzten Besinnungstag im Priesterseminar 1984 prophezeit: »Wenn Sie auf dem Höhepunkt Ihrer Schaffenskraft sind, wird kaum mehr jemand da sein.«

Wir sind Teil einer gesellschaftlichen Entwicklung, auf die wir nur einen marginalen Einfluss haben. Und dass wir durch Kindergärten als Lernorte des Glaubens oder kirchliche Schulen noch spürbaren Einfluss nehmen, daran habe ich den Glauben verloren. Trotz des Versprechens der Eltern hinsichtlich der Erziehung im Glauben können die meisten Kinder bei der Kommunionvorbereitung weder Kreuzzeichen noch Vaterunser. Doch alle gehen jahrgangsweise zur Kommunion, mit der die meisten Familien weder vorher noch nachher etwas anfangen. Dies sind Realitäten, mit denen ich mich kaum mehr abfinden kann. Und ich habe mich in fünfundzwanzig Jahren als Pfarrer wahrlich bemüht.[9]

---

9 Die göttliche Tugend der Hoffnung wird in einem Maße strapaziert, dass wir auf der Schwelle des Paradieses lebten, wenn wir die Tugend der Liebe in gleichem Maße praktizierten.

Bin ich Priester geworden mit der Erwartung, dass Glaube und Kirche wieder relevanter werden? Mit 27 hatte ich zumindest Hoffnung! Aber unter veränderten Koordinaten habe auch ich mich verändert. Ich habe den Glauben daran verloren, dass der Weg, auf dem ich als Gemeindepfarrer mit Freude und Engagement gegangen bin, ein zukunftsweisender ist. Bestenfalls vermag er eine leichte Bremse auf dem Weg des Bedeutungsverlustes zu sein.

Seit der Gemeinschaft der Apostel hat es nie eine ideale Gemeinschaft in der Nachfolge Jesu gegeben. Es ist jedoch ein Unterschied, ob diese Gemeinschaft sich ausbreitet, Gemeinden gründet, Kirchen baut und Gesellschaft beeinflusst oder ob man zeit seines Lebens einen Konsolidierungsprozess erfährt, in dem gleichzeitig die Servicementalität wächst. Ich erlebe einen ununterbrochenen Rückzug. Alle Korrekturen sind schon mit einem Verfallsdatum oder Fragezeichen versehen und mir fällt es zunehmend schwer, mich in diesem Kontext zu engagieren. Es gibt Umstände, die mir die Freude an der Sache erschweren, besonders wenn sie ein Dauerzustand sind. Was ich nicht verloren habe, ist der Glaube daran, dass es ein christliches Programm für unsere Gesellschaft gibt, für das es sich zu leben lohnt.

Was ist das Resümee? Alles bisher Gesagte klingt nach Veränderung und Entschiedenheit. Dies ist aber etwas, das man nicht von anderen erwarten sollte – vielleicht nicht einmal von einer so alten und noch immer in Zahlen großen Kirche wie der unsrigen. Erwarten darf man das letztlich nur von sich selber!

Ich war Pfarrer in drei Gemeinden. Die beiden vorherigen wurden fusioniert und bei der jetzigen werde ich schwerlich in zehn Jahren einen Nachfolger bekommen. Dennoch ist der Blick zurück keineswegs enttäuschend. Angesichts der Entwicklung sehe ich auf diesem Wege aber keine Zukunft. Hinter das Vergangene mache ich ein großes Ausrufezeichen, vor dem Zukünftigen steht ein großes Fragezeichen. Mir ist die Perspektive abhandengekommen angesichts der Entwicklung und der Aussichten. Ich erwarte keine signifikanten Veränderungen einer Großwetterlage durch Pläne oder Foren. Die Strukturveränderungen habe ich aus Überzeugung mitgetragen. Eine Erneuerung habe ich davon nicht erwartet und würde ich auch von Veränderungen wie z. B. bei der Zulassung zum Priesteramt nicht erwarten.[10]

Es ist auch nicht so, als ob ich wüsste, wie der Weg in die Zukunft für Kirche und Gemeinden auszusehen hat. Mein Leben als Priester habe ich als erfüllend erfahren und ich möchte weiter Priester bleiben. Dennoch erlebe ich es als Gemeindepfarrer vermehrt in einer Funktion des Bedienens von Traditionen und als Verfügungsmasse einer Kirche, die auf allen Ebenen mehr an ihrer Vergangenheit arbeitet als an ihrer Zukunft.[11]

Demnach kann es nur heißen, dass ich bei mir etwas ändern muss. Ich möchte der Kirche und der Welt weiter als Priester dienen, dies aber an einem anderen Ort, im Wissen darum, was ich an Gutem aufgebe, und dem Risiko, mich auf Unbekanntes ein-

---

10 Aufhebung des Zölibats oder Priestertum der Frau.
11 »Sicherlich ist es nicht möglich, aus dem Strandgut ›der guten alten Zeit‹ etwas zu rekonstruieren, was gestern war.« »Es werden immer neue Strukturen geschaffen, für die eigentlich die Gläubigen fehlen.« So sagte es Papst Franziskus den deutschen Bischöfen beim letzten Ad-limina-Besuch in Rom. Mein Eindruck ist, dass wir auf allen Ebenen aber genau dies zu viel tun: das Bisherige mit immer weniger Priestern so lange wie möglich noch aufrechterhalten angesichts einer sich seit Jahrzehnten ununterbrochen fortsetzenden Tendenz. Mir fehlen Visionen und der Mut, neue Wege zu suchen.

zulassen.

1987 lautete mein Primizspruch: »Ich will mit dir reisen, ich kenne den Weg!« (Tobit 5,6) – so sagt es der Erzengel Rafael dem Tobias. Ich kenne den Weg nicht, der vor mir liegt. Ich werde gehen und suchen. Unserem Bischof danke ich dafür, dass er mir eine Auszeit ermöglicht, in der ich zunächst für eine Zeit in ein Kloster gehen werde.

Mit aller Klarheit und Deutlichkeit sage ich am Ende dieser Stellungnahme, dass ich niemandem einen Vorwurf mache. Nicht den Gemeinden, in denen ich tätig war, nicht den Seelsorgerinnen und Seelsorgern und nicht dem Bischof und der Bistumsleitung, mit denen ich dreißig Jahre zusammengearbeitet habe. Ich habe nicht die Lösung für die Umbruchsituation, in der wir uns befinden. Eine Veränderung von jemand anderem als von sich selber zu erwarten, halte ich jedoch für eines der Probleme selber.

Meine Bewunderung gilt allen, die in den Gemeinden in dieser Zeit aktiv bleiben. Ich möchte an anderer Stelle für sie und alle Menschen glauben, beten und leben.

»Dass alles wieder wie vor dreißig Jahren ist«

Die Volkskirche ist am Ende, so lautet das Mantra jahrzehntelanger Erfahrungen. Gut, dieser Meinung kann man sein. Aber wie passt es denn dann dazu, dass wir einen Großteil unserer Blutkonserven für diesen sterbenden Patienten aufwenden? Sollte man sie nicht aufsparen für etwas, das gesünder, hoffnungsvoller, zukunftsversprechender erscheint? Wieso so viel Mühe für einen Totgesagten?

Nun, der Patient Volkskirche hat wie eben viele Totgesagte einen erstaunlichen Überlebenswillen. Wir sind zwar eine Religion, die an ein Leben nach dem Tode glaubt, die aber alles daran setzt, dass besser nichts sterben darf. Die Kunst des Sterbens wird uns angesichts fortschreitender Medizin nicht erleichtert, aber eine Kultur des Loslassens, des Sichverabschiedens haben wir nicht richtig gelernt. Vielleicht brauchten wir diese lange Zeit auch und es ist eine Aufgabe, der wir uns stellen müssen. Volkskirche ist im Sterben und das Andere ist nicht sichtbar – oder nur noch nicht sichtbar? Wir fahren zurzeit auf Sicht in unbekanntes Gebiet. Dabei ist das Evangelium voll von Hinweisen, wie wir mit solchen Situationen umgehen könnten. Ja, der Anfang der Kirche selbst steht in diesem Zusammenhang. Wir sprechen oft von Pfingsten als Geburtsstunde der Kirche. Und eben dieses Pfingsten konnte erst werden, als Christus zum Vater heimgekehrt war – Neues kann oft erst werden, wenn Altes losgelassen wurde.

Wir könnten einmal hingehen und alles, wirklich alles, was wir als Kirche und Pfarrgemeinde anbieten und aufrechterhalten, auf den Prüfstand stellen. Wenn ich mich nicht täusche, wird sich für alles und jedes eine Gruppe finden, die gerade dies für unaufgebbar hält. Der Versuch, Schwerpunkte zu erarbeiten, führt oft eher zu schwergewichtigen Listen anstatt zu Erleichterungen. Zwischen Land, Dorf, Klein- und Großstadt wird es unterschiedliche Entscheidungen geben. Wo eine Gruppe mit Engagement etwas anbietet, weil sie es will und davon überzeugt ist. Warum sollte dies nicht weiter so gemacht werden? Doch problematisch wird es, wenn Nachfolger gesucht werden, die dann aber bitte in unveränderter Art und Weise diese Tradition fortsetzen, eben weil es doch Tradition sei. Die Tradition als goldenes Kalb des kirchlichen Engagements. Damit meine ich nicht nur Tradition im klassischen Sinne von Bräuchen, sondern von etwas, was eben eine Zeit lang so gemacht wurde. Und wo gerne, wenn das infrage gestellt wird, geantwortet wird: weil man das immer schon so gemacht hat. Oder zumindest sehr lange.

Warum nicht mal den Resetbutton drücken und fragen: Was können nur wir anbieten oder was können wir besser als andere? Eine komparative Konkurrenzperspektive kann hilfreich, aber auch desillusionierend sein. Wo der Schützenverein schon ein tolles Dorffest auf die Beine stellt, muss nicht noch ein katholisches Würstchen einige Wochen später gegrillt werden. Ehrlichkeit tut weh, aber auch not. Es stimmt traurig, wenn eine KAB-Gruppe (Katholische Arbeitnehmer-Bewegung) feststellt, dass sie nur noch aus Rentnern besteht, oder wenn eine kfd-Gruppe (Katholische Frauengemeinschaft Deutschlands) realisiert, dass sie in einer jungen Gemeinde noch drei Prozent der weiblichen Gemeindemitglieder vertritt, von denen die meisten sogar über achtzig sind. Selbst wenn das die Realität sein sollte, sollte die oft ausgezeichnete

Arbeit von Verbänden und Gruppen in der Vergangenheit dennoch wertgeschätzt werden.

Wenn man seine Energie vorrangig darin investiert, es wieder so zu haben, wie es vor dreißig Jahren war, hilft vielleicht der Blick in die eigene Familie. Wer sieht bei seinen eigenen Kindern oder Enkeln das Engagement dafür, dass alles wieder so wird wie früher? Ganz abgesehen davon, dass es auch vermessen ist, von den Kindern und Enkeln so etwas zu erwarten!

Wir werden eine Ungleichzeitigkeit aushalten müssen zwischen dem, was noch da ist, und dem, was wir noch nicht kennen. Unbekanntes darf uns auch Angst machen. Doch Angst ist ein schlechter Ratgeber, zumindest dann, wenn sie lähmt. Auf den Vorschlag einer Dame, ich solle doch die Jugendlichen mit der Gitarre in den Wald einladen ans Lagerfeuer, das hätten sie damals auch so gemacht, sagte ich ihr, dass zu dieser Zeit die Großmütter zur Rosenkranzandacht in die Kirche kamen. Wenn sie das eine täte, würde ich das andere tun. Nicht nur die Jugend hat Dinge aufgegeben, die die Eltern und Großeltern noch getan haben – auch die Eltern und Großeltern haben Dinge aufgegeben, die die vorherigen Generationen noch für selbstverständlich hielten. Mit welchem Recht darf wer von wem verlangen, dass er oder sie seine Sache weitermacht? Das ist vermessen und nicht angemessen, im wahrsten Sinne des Wortes. Beispiel dafür ist auch die in vielen Gemeinderäumen anfänglich so gut angenommene Teestube für Jugendliche. Eine von mir sehr geschätzte evangelische Pastorin hatte die Schließung derselben irgendwann durchbekommen, um den Raum anderweitig zu nutzen. Gekommen war schon lange kein Jugendlicher mehr, aber der inzwischen gealterte Verantwortliche warf ihr vor, dass jetzt auch keiner mehr kommen *könne*. Natürlich, dieser hatte die größere Hoffnung, sie aber danach in dem Raum eine aktive Kindergruppe.

Es besteht ein gewaltiger Graben zwischen dem Wunsch, es möge wieder so werden, wie es einmal war, und der Wirklichkeit. Lange haben wir in Deutschland ein unglaublich breites, buntes und reichhaltiges Programm aufrechterhalten durch den großartigen Einsatz zahlreicher ehrenamtlicher Gemeindemitglieder. Doch immer weniger Ehrenamtliche fühlen sich verpflichtet, das Bisherige weiterzuführen. Es läuft etwas falsch, wenn wir Menschen suchen, die unsere Angebote füllen. Nicht die Menschen sind für das Angebot da, sondern das Angebot für die Menschen. Dennoch darf es traurig machen, wenn ein Angebot, eine Gruppe, ein Verband, eine Gemeinschaft an ihr Ende kommt, und viele stellen dann die gute Arbeit, die geleistet wurde, grundsätzlich infrage. Doch was gut war, muss nicht auch schon gut sein für die Zukunft. Wir erleben eine Krise der verfassten Religion und mancherorts eine Krise der verfassten Gemeinde. An der Krise der Gemeinde können wir etwas tun. Müssen wir etwas tun.

Berufen oder verdammt zur Hoffnung?

Foren, Synoden, Umfragen, Erhebungen, Untersuchungen, Dialoge, Beratungen, Pläne – all das sind notwendige Aktionen angesichts der aktuellen Probleme. Viele Gespräche und Überlegungen bringen Erkenntnisgewinn. Dennoch fällt die Bilanz ernüchternd aus, hat sich doch am Bedeutungsverlust vom in der Kirche gelebten Glauben nichts geändert – und ich glaube, dass sich daran zu meinen Lebzeiten auch nichts ändern wird ... Seit der Gemeinschaft der Apostel hat es nie eine ideale Gemeinschaft in der Nachfolge Jesu gegeben. Es ist jedoch ein Unterschied, ob diese Gemeinschaft sich ausbreitet, Gemeinden gründet, Kirchen baut und Gesellschaft beeinflusst oder ob man zeit seines Lebens einen Konsolidierungsprozess erfährt, in dem gleichzeitig die Servicementalität wächst. Ich erlebe einen ununterbrochenen Rückzug. Alle Korrekturen sind schon mit einem Verfallsdatum oder Fragezeichen versehen und mir fällt es zunehmend schwer, mich in diesem Kontext zu engagieren. Es gibt Umstände, die mir die Freude an der Sache erschweren, besonders wenn sie ein Dauerzustand sind. Was ich nicht verloren habe, ist der Glaube daran, dass es ein christliches Programm für unsere Gesellschaft gibt, für das es sich zu leben lohnt.

Den Glauben daran, dass es ein christliches Programm für unsere Gesellschaft gibt, habe ich nicht verloren. Trotzdem muss man feststellen: Wir sind als Kirche in unserem Land in einem Allzeittief. Daher ist es gut, wenn wir uns beraten, besprechen, planen, fragen, untersuchen. Es gibt die unverbesserlichen Optimisten, für die das Glas immer halb voll ist. Was aber für eine Aussagekraft hat ein immer halb volles Glas? Das heißt doch, dass der Inhalt des Glases mit dem Rest der Welt in keiner Beziehung steht! So kommen mir manche Äußerungen von Berufsoptimisten vor. Sie haben den Anschluss an die Realität verloren. Wegen der sich nie verändernden Höhe im Glas befindet sich wahrscheinlich Sand darin, den man sich und anderen in die Augen streut. Für den unverbesserlichen Optimisten ist jeder Realist schon ein Pessimist. Da kann man nur die Hoffnung haben, dass der Sand im Glas irgendwann mal aufgebraucht ist.

Persönlich bin ich hin- und hergerissen, habe ich doch auch außerhalb der Pfarrgemeinden an vielen Sitzungen teilgenommen und Themen mitbearbeitet, als Dechant, im Priesterrat, beim Diözesanjubiläum, vor dem Münsteraner Katholikentag 2018. Meine Hochachtung gilt denjenigen, die dies weiter tun. »Sind wir denn die Dummen, die weitermachen?«, wurde nach meiner Entscheidung auch gefragt. Ein Doppeltes spiegelt sich in der Frage wider: zum einen das persönliche Angefragtsein, wenn jemand aus dem System aussteigt und den bisherigen Weg nicht mehr mitgeht. Zum anderen hängt es vom Fragenden selbst ab, ob er sich als dumm sieht, denn er muss sich fragen, ob er auf einem Weg geht, von dem er überzeugt ist oder nicht. Ich habe mir meine Entscheidung zumindest nicht leicht gemacht und kann dennoch die verstehen, die mit Überzeugung und auch manchem guten Grund den Weg weitergehen.

Auch nach Hunderten von Hochzeiten bleibt der Korintherbrief eine inspirierende Schrift: »Jetzt bleiben Glaube, Hoffnung, Liebe, diese drei; doch am größten unter ihnen ist die Liebe.« Manchmal beschleicht mich das Gefühl, dass es bei uns heißen müsste: »Doch am größten unter ihnen (der Kirche) ist die Hoffnung, dass es wieder anders, wieder besser wird«. Die göttliche Tugend der Hoffnung wird heute in solch einem Maße strapaziert, dass wir auf der Schwelle des Paradieses leben würden, wenn wir die Tugend der Liebe in gleichem Maße praktizierten.

Ist die göttliche Tugend der Hoffnung eigentlich dasselbe wie menschlicher Zweckoptimismus? Die notwendige Überzeugung vom eigenen Tun kann auch verblenden und Erfolglosigkeit kann dazu führen, alles von der Zukunft zu erwarten. Es gibt so viele richtige Aussagen, die uns entlasten: »Wir können die Kirche nicht machen, sondern wir empfangen Kirche.« »Wir müssen die Kirche nicht retten.« »Wir können nur säen, wachsen lässt ein anderer.« Diese Einsichten sind ja auch alle irgendwie richtig. Vor allem aber zeugen sie von einem binnenkirchlichen Milieu und einem merkwürdig diffusen Eigenbild. Auf allen Ebenen sind wir Meister bei der Entwicklung solcher Bilder. In unseren Pastoralplänen wimmelt es von Sätzen und Formulierungen wie: »Wir sind eine offene Gemeinde«, »Wir sind bunte Gemeinde« oder auch: »Wir wollen Licht sein.« Offen, bunt und Licht, das ist ja alles gut und schön. Aber was meinen wir denn eigentlich damit? Und noch mehr: Welches Bild von uns zeichnen wir? Bevor wir einen Text über unser Selbstbild veröffentlichen, sollten wir ihn außer Haus geben und gegenlesen lassen, damit andere uns sagen, wie das bei ihnen ankommt und klingt. Selbstbild und Fremdbild können fast nicht identisch sein, sollten sich aber auch nicht total widersprechen.

Wann hat sich in einer Gemeinschaft, Gemeinde oder einem Bistum konkret etwas geändert, nachdem man einen Plan erarbeitet und sich bunt oder offen genannt hat? Wenn eine

Gemeinde in Liturgie, Diakonie und Verkündigung nach der Erstellung ihres Pastoralplans etwas geändert hat an Zeiten oder Orten, neue Gruppen in den Blick genommen, andere Formen und Wege probiert hat, dann war das Projekt erfolgreich. Ist nachher alles so wie vorher, dann kann das doch nur heißen, eine Erfolgsgeschichte zu Papier gebracht zu haben.

Unsere Pläne haben unsere Kirche und ihre Strukturen zum Thema und versuchen, soweit es geht, auf Veränderungen zu reagieren. Wie hilfreich Fremdwahrnehmungen sind, konnten wir in der Gemeinde feststellen, als wir einen Wettbewerb an der Kunstakademie ausgeschrieben hatten. Den ersten Preis bekam eine junge Frau aus Rostock. Nicht wissend, was wir in dem Kirchenraum feiern, schlug sie uns eine Performance vor. Unser Raum sei großartig, aber man müsse bei uns immer in Reih und Glied sitzen. Also verschwanden alle Bänke, die Menschen brachten Sitzgelegenheiten mit und ließen sie für drei Wochen stehen. Früher erkannte man Menschen auf dem Weg zur Kirche am Gebetbuch, in jenen Tagen am Stuhl. Die Kommunikation begann schon an der Ampel. Dem Vorwurf, doch besser Glaubenskurse anzubieten statt Bänke zu schleppen, konnten wir entgegenhalten, dass diese Aktion eine Initialzündung für die Gemeinde wurde. Kirche wurde in den Köpfen der Menschen zusammengebracht mit offen, bunt, lebendig – das spiegelte sich im Gottesdienstgeschehen wider, mittelfristig sogar in den Zahlen. Andere haben uns so viel zu sagen, manchmal auch über uns – es lohnt sich, sie zu fragen und ihnen zuzuhören. Was vermag jemand bei uns zu entdecken, für das wir längst betriebsblind geworden sind?

Die Kirche ist hier und da in einer selbst verschuldeten Krise durch Fehler, die vor Ort, an höherer und an höchster Stelle gemacht werden. Diese Fehler lassen sich beheben. Die Kirche ist hier und da in einer Krise, weil sich mit und ohne ihr Zutun die Gesellschaft verändert. Darauf können wir reagieren. Oft meinen wir, mit genügend Anstrengung könnten wir die Gesellschaft verändern. Andere verändern ist immer der leichtere Weg. Wo aber müssen wir uns verändern oder anpassen? Wohlgemerkt »wir uns«, nicht die Botschaft! Die Kirche ist hier und da in einer Krise, weil wir Zeugen einer Glaubens- und Gotteskrise sind. Ob wir jedoch mit noch mehr Anstrengung und Bemühen etwas ändern können, das wage ich zu bezweifeln. Nie war Kirche in unserem Land stärker vertreten bei den Menschen mit mehr Kirchen, Pfarrhäusern, Kindergärten, Schulen, Pfarrheimen. Nie hatten wir ein besser ausgebildetes Personal an Seelsorgern. Nie haben die mit so viel Ideen, wissenschaftlichen Analysen und Studien gearbeitet – und mit all dem sind wir da hingekommen, wo wir jetzt sind. Die Schöpfung ist eine erlöste, und aus allen Poren quillt Gott hervor, so sah es Alfred Delp selbst in schwersten Stunden. Fragen, denken, suchen, planen, sprechen, probieren, experimentieren und beraten wir – wenn's geht mit erlösten Gesichtern, und zwar, weil wir etwas gesehen und erfahren haben, und nicht, damit andere mitmachen, wir mehr werden und uns dadurch dann besser fühlen.

Wir sind manchmal so dermaßen bemüht mit Hoffen – was an sich ja gut ist –, dass man den Eindruck bekommen kann, alles hinge von uns ab, von unseren Anstrengungen, von unserem Willen. »Arbeite so, als hinge alles von dir ab, und glaube so, als hinge alles von Gott ab.« Der Satz sagt sich leicht, solange das Arbeiten Erfolg zeigt. Bleibt der mittel- oder langfristig aus, dann steht man in der Versuchung, die eigenen Anstrengungen zu erhöhen, bis man ganz verkrampft wird und auch so aussieht. Was ist das für eine Hoffnung, die bereits klar vor Augen hat, wie das Ergebnis auszusehen hat? Wird die göttliche Tugend der Hoffnung da nicht reduziert auf ein menschliches Maß? Geben wir Gott da nicht das Ergebnis vor, sagen ihm, wie es auszusehen hat? Speist unsere Hoffnung auf ihn sich dann nicht zu sehr aus unserer Erinnerung, es möge wieder so werden, wie es war? Hoffnung jedoch ist auf Zukunft ausgerichtet, nicht auf Vergangenheit. Doch dann bedeutet sie auch Wagnis, Ungewissheit, Vertrauen auf IHN. Dann ist sie nicht von uns überschaubar, planbar, machbar. Was ist das für eine Hoffnung, in der ich das Ergebnis definiere?

»Hoffnung verloren – alles verloren« lautet ein Sprichwort, und das stimmt auch. Doch gibt es auch die gegenteilige Haltung, in der man nicht mehr zur Hoffnung berufen ist, sondern verdammt. Dann steht man um die letzte Glut des Feuers und deutet sich diese so lange, bis man sich zumindest an den Gedanken erwärmen kann. Ein Beispiel dazu: In den Niederlanden ist das größte Fest der Gedenktag des Heiligen Nikolaus. Schon Wochen vorher beginnen die Vorbereitungen mit seiner Ankunft im Boot und er reist durch Stadt und Land. Wer daraus jedoch den Rückschluss zieht, die Niederlande seien ein katholisch geprägtes Land, der liegt völlig daneben. Der letzten Religionsmonitor könnte die Überschrift tragen: Ein Land ohne Gott. Der Kardinal von Utrecht ließ denn auch verlauten, dass man sich in den kommenden Jahren noch von rund tausend Kirchen trennen müsse, noch einmal so vielen wie bisher schon.

Deuten wir das, was wir sehen, und deuten wir es auch ruhig zu unseren Gunsten, aber verlieren wir darüber nicht die Wirklichkeit aus dem Blick, auch wenn die uns nicht gefallen sollte.

Glaube, Hoffnung und Liebe sind uns zugesagt. Lieben wir den Schöpfer und seine Schöpfung, glauben wir seinen Propheten und seinem Sohn. Hoffen wir, dass er alles zum Guten führen wird. Der Optimist mag die größere Hoffnung haben. Der Realist dagegen den größeren Glauben.

Die Kirche muss im Dorf bleiben

Wer das Feld Kirchenschließung betritt, wird es kaum überqueren, ohne dabei zu stürzen, sich etwas zu brechen – und selbst dann hat er noch Glück gehabt. In meiner letzten Gemeinde gab es eine große und schöne Kirche, die nach der Fusion geschlossen werden sollte. Das Gebäude war baufällig und der Kirchenraum deshalb gesperrt. In der Krypta versammelte sich noch eine kleine Gemeinde. Den Verantwortlichen im Generalvikariat glaubte man nicht, dass die Kirche wirklich wegen Baumängeln gesperrt worden sei, sondern unterstellte ihnen, dies nur als Vorwand zu nutzen, um die Kirche endlich zu schließen. Man kann sich gut vorstellen, wie die Stimmung war.

Als wir an einem Sonntag die letzte Messe in der Kirche feierten, der Bischof selbst hatte diese schwierige Aufgabe übernommen, trug ein älterer Mitbruder nach der Kommunion das Allerheiligste raus und brachte es zur Pfarrkirche. War dies schon für mich ein schmerzhafter Moment, wie schwer wird er erst für die Kerngemeinde gewesen sein, deren Kirche dies über Jahrzehnte war? Die Fusion hatte aus drei Gemeinden, denen finanziell das Wasser immer bis zum Hals stand, eine einzige gemacht, die nicht jeden Cent umdrehen musste. Sie hatte jetzt sogar Geld für neue Ideen und Aktionen, da sie nicht alles in den Bauunterhalt und ins Personal investieren musste. Aber sie hatte eben eine Kirche weniger und ihr Allerheiligstes wurde weggetragen. Die treuen Beter standen während des Wortgottesdienstes auf und berichteten sehr emotional von ihren Erinnerungen und Gefühlen. Nicht nur ihnen liefen dabei Tränen übers Gesicht.

Der Bauzustand sowie die personelle und finanzielle Entwicklung hatten dazu geführt, dass die Kirche profaniert wurde. Ich bin mir sicher, hätten wir weiterhin genügend Priester und dauerhaft ein hohes Steueraufkommen, diese und viele andere Kirchen würden nicht geschlossen, egal wie viele Menschen noch kämen. Von der Gemeinde versammelte sich noch ein halbes Prozent der Mitglieder am Sonntag zur Messe, aber dies kann nicht der einzige Maßstab für den Erhalt einer Kirche sein. In vielen Kirchen ist es so, dass im Verlauf einer Woche mehr Menschen hineingehen als am Sonntag. Kurzes Verweilen, stilles Gebet, eine Kerze entzünden, all das sind belebende Momente für solche Orte.

Auch als Wegmarken und Erinnerungszeichen sind Kirchen nicht zu unterschätzende Objekte in der Stadt und auf dem Land. Auf der Insel Mull in Schottland zum Beispiel gibt es ein bezauberndes buntes Fischerdorf mit drei Kirchen am Kai. Aus der ersten ist ein Fish-and-Chips Restaurant geworden, in der zweiten verkauft ein Supermarkt Fertigpizza und Toilettenpapier. Nur die dritte ist nach wie vor ein Haus Gottes, allerdings von Montag bis Samstag geschlossen.

Wie viele Kirchen können wir umwidmen, bis sich bei den Menschen auch das Bild des Kirchengebäudes löst vom Bild des Gotteshauses? Verschiedene Argumente spielen eine Rolle, wenn es um den Erhalt einer Kirche geht. Die Zahl der Besucher am Wochenende ist nur eines, allerdings ein wichtiges. 2016 gab es einen Bericht über eine evangelische Gemeinde, in der der Pfarrer am Sonntag vor leeren Bänken stand. Was nun, Herr Pfarrer? Ist es nicht verwunderlich, dass erst dann über notwendige Veränderungen nachgedacht wird, wenn entweder kein Geld oder kein Mensch mehr da ist? Solange eine auch noch so kleine Zahl sich versammelt, wird das Argument zu hören sein: »Warum was ändern? Es geht doch noch.« Selbst wenn nur noch zwei Menschen kommen, könnten diese sagen: »Warum was ändern? Wir können doch noch die Hälfte verlieren und es bleibt immer noch was übrig.«

Was ist das Wort Jesu: »Wo zwei oder drei in meinem Namen versammelt sind« (Mt 18,20), in den letzten Jahren ge- und missbraucht worden, um nur ja nichts zu ändern. Das »Geht hinaus in alle Welt« (Mt 28,19) wurde hingegen weniger zitiert oder umgedeutet zu: »Zieht euch zurück, bis ihr nur noch drei oder zwei seid.« Als wäre das eine Zielaussage des Evangeliums und die Dichte Gottes in unserer Mitte würde erhöht, je weniger wir sind. Es war eine Zusage an die kleine Herde, nicht zu verzagen, und nicht der Aufruf, eine kleine Herde zu werden![12] Ich kann das Gerede von der klei-

---

12 Vgl. Ratzinger, 1958: »Zusammenfassend können wir als Ergebnis dieses ersten Gedankenkreises festhalten: Die Kirche hat zunächst den Strukturwandel von der kleinen Herde zur Weltkirche durchgemacht; sie deckt sich seit dem Mittelalter im Abendland mit der Welt. Heute ist diese Deckung nur noch Schein, der das wahre Wesen der Kirche und der Welt verdeckt und die Kirche zum Teil an ihrer notwendigen missionarischen Aktivität hindert. So wird sich über kurz oder lang mit dem oder gegen den Willen der Kirche nach dem inneren Strukturwandel auch ein äußerer, zum pusillus grex, zur kleinen Herde vollziehen. Neben der damit skizzierten Strukturänderung der Kirche ist aber auch eine Bewusstseinsverschiebung beim Gläubigen zu bemerken, die sich aus dem Faktum des innerkirchlichen Heidentums ergeben hat. Dem Christen von heute ist es unausdenkbar geworden, dass das Christentum, genauerhin die katholische Kirche, der einzige Heilsweg sein soll; damit ist die Absolutheit der Kirche und damit auch der strenge Ernst ihres missionarischen Anspruchs, ja aller ihrer Forderungen von innen her fragwürdig geworden. Wir können nicht glauben, dass der Mensch neben uns, der ein prächtiger, hilfsbereiter und gütiger Mensch ist, in die Hölle wandern wird, weil er kein praktizierender Katholik ist. Die Vorstellung, dass alle ›guten‹ Menschen gerettet werden, ist heute für den normalen Christen ebenso selbstverständlich wie früher die Überzeugung vom Gegenteil.«

nen Herde, die dafür umso enger beisammensteht, einfach nicht mehr hören. Das ist eine faule Ausrede – faul im doppelten Sinne.

Die Aussage Jesu: »Wo zwei oder drei in meinem Namen versammelt sind«, sollte auch nicht als Begründung herhalten, um den Bestand eines Kirchengebäudes zu rechtfertigen oder die Anwesenheit eines Hauptamtlichen. Wenn es um eine Fusion oder Kirchenschließung geht, wird gerne das Argument bemüht, die Kirche müsse vor Ort präsent bleiben. Wer kann und will dagegen etwas sagen? Doch kann damit der Status quo legitimiert werden? Manche Menschen sind überrascht wie kleine Kinder, wenn sie mitbekommen, dass ihr Handeln Konsequenzen hat. Die Enttäuschung über die Schließung des Wochenmarktes ist groß, oft auch bei denen, die alles im Supermarkt kaufen.

Die Schließung jeder Kirche bleibt ein trauriger und schmerzhafter Prozess. Ich war in zwei Dörfern und einer Stadtgemeinde Pfarrer. Die Stadtgemeinde hatte zehntausend Mitglieder, war flächenmäßig aber kleiner als die Dorfgemeinde mit dreitausend. Dennoch wurde in der Stadt jede Kirche auch begründet mit den ansonsten doch viel zu langen Wegen. »Wir müssen die Kirche im Dorf lassen«, lautet ein Sprichwort. »Wir müssen alle Kirchen in der Stadt lassen« ist übrigens kein Sprichwort.

Man schaue sich einmal alte Stadtpläne oder Stadtmodelle an. Wie viele Kirchen und Klöster wurden nicht erst in unseren Tagen geschlossen und abgerissen, sondern auch in früheren Jahrhunderten.

In der Gemeinde einer Kleinstadt bei Münster wurden zweitausendfünfhundert Unterschriften für den Erhalt der Kirche gesammelt, die keine fünfhundert Meter von der jetzigen Pfarrkirche entfernt liegt. Das Engagement an sich ist löblich, sagt aber nur bedingt etwas aus über den Wert dieses Gebäudes für die Menschen. Nur mit Unterschriftenlisten kann man eine Gemeinde nicht gestalten. Wer sein Kreuz in der Liste macht, aber nicht in der Kirche, der macht die Gemeinde nicht lebendig, geschweige denn lebendiger. Man stelle sich vor, jeder Unterzeichner würde auch nur einmal im Monat zu irgendeiner Veranstaltung der Gemeinde oder sogar in die Kirche kommen. Es wäre wahrscheinlich die Kirche in der Diözese, die vor dem Dom als letzte aufgegeben würde. Würden wir unser Herz so sehr an das Evangelium hängen, wie wir es an die Steine unserer Kirchen gehängt haben, bräuchten wir uns über Letztere keine Sorgen zu machen. Natürlich gibt es Probleme, die wir nicht vor Ort in den Gemeinden lösen können. Aber es sind beileibe nicht alle, die wir nach oben delegieren können. Wie lebendig eine Gemeinde ist, zeigt sich eben kaum an der Menge der Unterschriften auf einer Liste, sondern an den Menschen, die sich engagieren.

Der Wunsch, vor Ort präsent zu bleiben, erfüllt sich am leichtesten durch Gebäude. Auch mein Herz hängt daran. Der Wunsch, vor Ort präsent zu bleiben, erfüllt sich auch in bezahltem Seelsorgepersonal. Meine zweite Gemeinde verließ ich im Wissen aller, dass danach kein Seelsorger mehr ins Pfarrhaus ziehen wird. Ein freundlicher Herr mittleren Alters sprach mich beim Einkaufen auf der Straße an und sagte: »Ich bin zwar nie in die Kirche gekommen, aber dass Sie nicht mehr hier wohnen werden, das berührt mich. Da wird mir was fehlen!« Das sind Momente, wo mir im Vorbeigehen schlagartig deutlich wird, was ein Priester eben auch ist, und doch lässt es sich kaum in Worte fassen. Wir sind nicht nur

Dienstleister, sondern auch Platzhalter für etwas ganz anderes in der Welt.

Der Wunsch, vor Ort präsent zu bleiben, erfüllt sich aber noch mehr, hundert- und tausendfach durch die Getauften, die vor Ort leben. Welchen Wert haben diese aber schon im Vergleich mit dem Gebäude oder dem hauptamtlichen Seelsorgepersonal? Großeltern und Eltern erleben, dass Kinder und Enkel den Kontakt, zumindest den gelebten, zur Kirche aufgeben. Das wird bedauert. Die Kirchenaustrittszahlen sind mancherorts die einzigen mit Wachstumspotenzial, aber wo bekommt man diese Tendenz im Alltag der Gemeinde schon zu spüren? Erst, wenn die Kirche geschlossen oder die Pfarrerstelle nicht mehr besetzt wird, ist eine Veränderung für fast alle Menschen spürbar – dagegen regt sich Widerstand, aber oft auch erst dann. Demnach konstituiert sich bei uns Kirche wesentlich und sichtbar über Gebäude und Hauptamtliche. Die Anwesenheit Hunderter und Tausender Getaufter spielt eine untergeordnete Rolle. Es liegt noch ein weites Feld vor uns, die Taufgnade ernst zu nehmen und ihre Berufung zu stärken. Hier stehen wir erst am Anfang eines neuen, ungewohnten und wohl auch langen Weges. Aber eines Weges, den wir gut gehen können, auch wenn wir noch nicht genau wissen, wie das Ziel aussieht, wo es liegt und was uns dort erwartet. Sicherlich nicht das, was einmal vor dreißig Jahren war.

Hört Gott uns nicht?

Als ich 1980 mit dem Studium begann, hieß es, die Nachwuchszahlen gehen bergauf. Das anschließende Sinken wurde mit der sinkenden Geburtenrate erklärt. Als der Rückgang erheblich unter den der Geburtenrate sackte, gab es den Trost, dass die Zahl der Priester im Verhältnis zu den Gottesdienstbesuchern höher sei als noch vor Jahren und weltweit sowieso. Der zum Teil hohe Einsatz von Priestern der Weltkirche, ermöglicht durch die Kirchensteuer, überbrückte wiederum einige Jahre. Inzwischen steuern die Eintrittszahlen in den Seminaren mancherorts auf eine Null-Linie zu. Wir gestalten die Zukunft von Kirche in den Gemeinden immer noch nach dem Modell der Vergangenheit. Auch ich habe dafür nicht die eine Lösung parat. Was erwarten wir von den Männern, die sich in dieser Situation auf den Weg machen, um Priester zu werden? Kann man dafür guten Gewissens noch werben?

Wenn ich diese Passage aus meiner »?Kurskorrektur!« lese, muss ich immer wieder den Kopf schütteln. Nicht darüber, dass ich das geschrieben habe. Nein, auch ein Jahr später stehe ich dazu. Ich muss den Kopf darüber schütteln, dass es wirklich so ist. Dass wir uns wirklich so lange schon anderen und vor allem uns selbst etwas vormachen. Das Priesterseminar in Münster musste Anfang der 80er-Jahre ausgebaut werden, um allen Interessenten ein Zimmer anzubieten. Klingt beeindruckend. Relativiert sich aber, wenn man weiß, dass die Zahlen nur halb so hoch waren wie 25 Jahre vorher. Damals lautete die Devise von Seiten des Bistums: »Die Bürgermeister sind aus den Dörfern gegangen, die Schulen und die Geschäfte wurden geschlossen – wir werden bleiben und keine Gemeinde auflösen.« Gegenüber uns Studenten wurde dies mit Nachdruck und dem Gewicht der Erfahrung vertreten, die uns damals natürlich noch fehlte. Aber an zehn Fingern konnte man abzählen, dass diese Aussage kaum durchzuhalten sein würde. Nicht einmal zehn Finger hätte man dafür gebraucht, so offensichtlich war das. In nahezu allen deutschen Bistümern wurden bereits Gemeinden fusioniert und unter kreativen Namen in größere Gebilde überführt: fusionierte Gemeinde, Gemeinde neuen Typs, pastoraler Raum. Zumindest an wohlklingenden Etiketten mangelte es nicht.

Sehr kreativ auch der Hinweis, die Priesterzahlen seien im Verhältnis zu den Gottesdienstbesucherzahlen sogar gestiegen. Dieses Argument weitergedacht hieße ja, wenn alle Menschen zu Hause blieben, wäre das Problem des Priestermangels gelöst. Das stimmt sogar.

Dass die Zahlen in Deutschland im Vergleich mit anderen Kontinenten unvergleichlich hoch waren und sich jetzt nur dem Weltniveau anpassen, konnte auch nur jemanden beruhigen, der geschichtsvergessen war. Eine kirchliche Kultur, die mit Priestern selbst in kleinsten Dörfern seit Jahrhunderten gelebt hat, zu vergleichen mit der in Ländern, in denen Gemeinden mit fünfzig- und hunderttausend Menschen existieren, ist unredlich. Da hilft es auch nicht zu argumentieren, dass man sich jetzt langsam einem im Rest der Welt üblichen Niveau annähert. Man tut so, als gäbe es Gewohnheiten, Traditionen und gewachsene Strukturen einfach nicht. Selbstverständlich geht es immer anders, aber so ein Weg muss begleitet und nicht schöngeredet werden. Können wir allen Ernstes Strukturveränderungen schon als Start für eine bessere Zukunft verkaufen, wenn wir wissen, dass sie einem Personal- und Finanzmangel geschuldet sind? Die Menschen vor Ort bekommen sehr wohl mit, was man ihnen da verkaufen will.

Ein Zahlenverhältnis zwischen Priester und Gemeindemitgliedern, das überall ideal wäre, gibt es nicht. Nicht einmal innerhalb eines Landes oder einer Diözese. Aufgrund ihrer Lage und Struktur war meine zweite Gemeinde mit dreitausend Gemeindemitgliedern personell ähnlich aufgestellt wie meine spätere mit zehntausend und beides war zu bewältigen. Die Anzahl der Gemeinden aber nahezu ausschließlich nach der Zahl der zu erwartenden Priester zu bestimmen, finde ich fragwürdig. Nur mal so eben vorgestellt: Schlagartig steigen die Priesterzahlen wieder auf ein Niveau wie vor fünfzig Jahren. Mit welchen Argumenten behält man dann die heutigen Strukturen bei – oder mit welchen macht man sie wieder rückgängig? Haben die fusionierten Gemeinden, Gemeinden neuen Typs und pastoralen Räume auch einen gewissen Sinn und Zweck oder sind sie ausschließlich Mangelerscheinungen im wahrsten Sinne des Wortes? Das macht die Argumentation von heute oft fragwürdig. Im Hinblick auf die innere Entwicklung und die äußeren Verhältnisse war die Fusion der drei Stadtgemeinden, so wie ich sie bei meiner letzte Stelle vorgefunden habe, eine sinnvolle und vernünftige Lösung. Dies bei steigenden Priesterzahlen wieder rückgängig zu machen, wäre unvernünftig. Hingegen gibt es gerade auf dem Land Gemeinden, für die man sich das wünschen sollte.

Nun gab und gibt es aber noch Gegenden in unserer Weltkirche, wo es einen Priesterüberschuss gibt. Und dann gab es findige Köpfe, die eine Verbindung herstellten zwischen unserem Mangel, deren Überschuss und unseren Kirchensteuern. Damit möchte ich ausdrücklich keinem der Priester zu nahe treten, der aus der Weltkirche zu uns gekommen ist, um seinen Dienst bei uns zu versehen. Viele bemühen sich redlich, sprachlich und kulturell bei uns eine Heimat zu finden und als Seelsorger den Menschen zu dienen. Der Hinweis sei aber gestattet, dass dieser Transfer in Länder oder sogar deutsche Diözesen mit weniger Finanzkraft erstaunlich gering ist. Wirtschaftliche Argumente sind in diesem Zusammenhang nachvollziehbar, doch sollte man diese nicht über Gebühr mit theologischen kombinieren. Selbst der Hinweis, dass vor Jahrhunderten und noch Jahrzehnten Missionare von Deutschland in andere Länder gegangen sind und wir jetzt Zeugen einer Gegenbewegung werden, ist solange nicht überzeugend, wie die zu uns kommenden Priester in die bestehenden Strukturen eingefügt werden, um diese noch einige Jahre aufrechtzuerhalten.

Eine letzte Hoffnung könnte es noch geben, indem man sagt, dass die jungen Männer sich heute eben erst am Ende des Studiums für den Priesterberuf entscheiden werden. Wieder hätten wir einige Jahre gewonnen für die Hoffnung. Vermutlich aber verloren für die Zukunft.

Die Nachwuchszahlen bei den Priestern sind trotz aller Gebete und Hoffnungen nicht besser geworden. Der Regens des Münsteraner Priesterseminars und Sprecher der deutschen Regentenkonferenz hat es in einem Artikel zum Sonntag der geistlichen Berufe 2016 so gesagt: »Das System, wie es bisher besteht, ist am Ende.« War also alles Hoffen und Beten vergeblich? Warum haben die Weltjugendtage und Papstbesuche nicht den Umschwung gebracht, den man sich erhoffte? Die Aufforderung des Herrn, um Arbeiter für die Ernte zu beten (Mt 9,37), wurde in unserem Land zunächst verstanden als ein Gebet um Priester und Ordensberufe. Später, und auch da eher aus der Not geboren, wurde das Gebet erweitert auf Pastoralreferenten. Das ist eine zumindest bedenkliche Engführung des Auftrages Jesu. Hat er im Hinblick auf uns in Deutschland wirklich daran gedacht, wir sollten beten um bezahlte Kräfte im Dienst des Evangeliums? Woraus besteht die besagte Ernte denn? Aus der Betreuung von Getauften bis zu deren Tod? Sind die Getauften die Ernte, die von hauptamtlichen Getauften zusammengehalten wird? Kluge Köpfe haben schon darauf hingewiesen, dass es vielleicht ein Zeichen Gottes ist, dass er unser Gebet nicht erhört, damit wir hingehen und etwas ändern.

Unsere Kirche bindet die Berufung zum Priester an die Berufung zur Ehelosigkeit und ich halte es für redlich, das Thema »Zölibat« in diesem Zusammenhang zumindest zu erwähnen, wird es doch von vielen genau hier ins Spiel gebracht. Alle Argumente pro und kontra Zölibat sind schon genannt worden und müssen nicht wiederholt werden. Wenn in einer deutschen Diözese jedoch zwei verheiratete evangelische Pfarrer zu Priestern geweiht werden und zur gleichen Zeit zwei Priester den Beruf aufgeben müssen, weil sie heiraten wollen, dann wird es trotz aller theologischen und praktischen Begründungen schwer, dies zu verstehen. Diese Lebensform jedoch aus praktischen Erwägungen zur Disposition zu stellen, das empfinde ich als Ohrfeige. Man stelle sich umgekehrt einmal vor, wir würden aufgrund eines Mangels an Männern oder Frauen die Monogamie aus rein praktischen Erwägungen aufheben wollen. Wie fühlt sich das für die Paare an, die ihre Lebensform in Liebe und Überzeugung gewählt, gelebt und erfüllt haben? Vor ca. eintausend Jahren wurde in Europa das Priestertum an den Zölibat gebunden. Diese Kombination wurde übernommen, als aus der europäischen Kirche eine Weltkirche wurde. Im Rest der Welt lag die Zahl der Priester immer weit hinter der Europas. Weil die Zahlen in Europa jetzt sinken und sich in manchen Ländern sogar im freien Fall befinden, nun hinzugehen und deswegen aus Europa wieder für die Weltkirche eine Veränderung einzufordern, das zeugt von einer eingeschränkten Wahrnehmung. Das Recht der Gemeinde auf Eucharistie wird in diesem Zusammenhang gerne ins Feld geführt. Ein berechtigter Grund, dem an vielen Orten in der Welt seit Jahrzehnten zu wenig entsprochen wird und in manchen Regionen inzwischen auch bei uns. Das Recht auf die Eucharistie am Sonntag ist aber nicht zu verwechseln mit einem Recht auf eine bestimmte Uhrzeit an einem bestimmten Ort; siehe dazu das Kapitel: »Samstags läuft das Spiel ›Messe gegen Sportschau‹«. Darüber hinaus darf aber auch gesagt werden, dass dieses bestehende Recht einhergeht mit dem kirchlichen Gebot des sonntäglichen Gottesdienstbesuches. Ich würde nicht für den Erhalt des Zölibates auf die Straße gehen. Ihn aber aus praktischen Erwägungen aufzugeben, das ist ein mangelhafter, nein, ein ungenügender Grund.

Als ich Kaplan war, gab es rundum in allen Gemeinden ebenfalls noch Kapläne. Wenn auch keine Freundschaften daraus erwuchsen, so gab es doch ein Treffen von etwa gleich alten und gleich lebenden Männern einer Berufsgruppe. Selbst nach den Fusionen haben diese Gemeinden keine Kapläne mehr und die Entfernungen zwischen den Priestern werden immer größer. »Ihr Weltpriester habt uns den Zölibat gestohlen«, so sagte es ein Mönch, und in den orthodoxen Kirchen ist es bis heute so, dass nur die Ordenschristen im Zölibat leben, in einer klösterlichen Gemeinschaft. Der Vereinzelung konnte ich immer entgehen, da ich nie alleine im Pfarrhaus leben musste. Mal wohnte die Küsterfamilie oben oder es gab Studierende, die in Münster Zimmer suchten – lebenslange Freundschaften sind daraus erwachsen. Für mich wäre es nicht vorstellbar, alleine in einem Pfarrhaus auf dem Land zu leben. Von manchem, der sich fromm und theologisch bestens über den Zölibat ausgelassen hat, würde ich gerne etwas über diese Lebensform lesen, nachdem er einige Jahre Pfarrer auf dem Lande oder in einer fusionierten Großgemeinde war. Gut, dass manche Mitbrüder immer wieder gemeinsame Lebensformen ausprobieren und nach neuen Formen suchen.

Aber zumindest Frauen als Priester, das würde doch den Mangel beheben. Geschenkt, ich fange nicht an, alle Argumente pro und kontra aufzulisten, ich bin es leid und viele andere wohl auch. Wichtiger für mich ist, dass auch hier wieder gilt: Wir müssen etwas ändern, auf jeden Fall. Aber doch nicht, um alte Strukturen am Leben zu halten. Strukturen sind für den Menschen da, doch nicht umgekehrt. Ohne da überhaupt Gott und Glauben zu erwähnen.

»O Gott, mein Kind will Priester werden!«

»Herr Pastor, wir bekommen doch sicher einen Nachfolger für Sie, oder?« Der Mutter eines Kommunionkindes habe ich damals geantwortet: »Mit einer Frage haben Sie es geschafft, viele Probleme auf einmal anzusprechen und gleichzeitig auszublenden. Sie wissen, wie die Entwicklung der Kirche in den letzten Jahrzehnten verlaufen ist. Vermutlich gehen auch Sie davon aus, dass diese Entwicklung so weitergehen wird. Sie wissen, dass wir kaum mehr Priesternachwuchs haben, und dennoch fragen Sie, ob es bei uns denn weitergeht. Was würden Sie denn denken, wenn Ihr Kind einmal kommt und sagen würde: ›Mami, ich will Priester werden‹?« Das »Um Gottes willen« der Mutter war wirklich weit zu hören. »Sehen Sie: Sie wollen wieder einen Priester haben, aber Ihr Kind soll es auf jeden Fall nicht werden. Warum wollen Sie dann, dass es das Kind meiner oder anderer Eltern macht?«

Im weiteren Verlauf habe ich mich mit der Meinung der Mutter aber solidarisiert, denn wenn mir in den vergangenen Jahren ein junger Mann sagte, er wolle Priester werden, dann bin ich innerlich auch erschrocken, obwohl ich meinen Dienst nach neunundzwanzig Jahren noch sehr gerne ausübe! Was ist passiert? Wir Priester wurden spürbar weniger. Stellen wurden gestrichen, Gemeinden fusioniert. Wie mag es den Mitbrüdern dabei zumute sein, deren Gemeinden zusammengelegt wurden und wo heute ein Pfarrer die Arbeit macht von früher zwei, drei oder mehr?

Ich denke oft an Mitbrüder, deren Pfarreien fusioniert wurden, und ich stelle mir dann die Frage: Wofür wird ein Priester heute in der Gemeinde gebraucht? Er hat als Pfarrer die letzte Verantwortung, und trotz guter Modelle von Verwaltungsleitung und Chefsekretärin ist die Arbeit, für die man die Priesterweihe nicht braucht, mehr geworden. Dass man weiß, wie eine Gemeinde strukturiert ist, woher und wohin das Geld fließt, ist wichtig. Geht man allerdings bei der Frage: »Wofür wird ein Priester gebraucht?«, von der Weihe aus, dann lässt sich die spezielle Tätigkeit knapp umreißen: Messe feiern, Beichte hören, Kranke salben. Jede andere Aufgabe kann ein Diakon ausüben, viele davon auch eine Pastoralreferentin.

1980 begann ich mit dem Studium und wir waren in Münster vierzig Seminaristen in einem Semester. Das war zwar nur noch die Hälfte von vor 25 Jahren, aber die Aussichten waren dennoch gut: drei Kaplanstellen je vier Jahre, dann Pastor, das war in den bestehenden Strukturen überschaubar. Wer heute mit dem Studium beginnt, der wird möglicherweise den aktuellen Strukturplan nicht mehr erleben und auch der neue wird eine beschränkte Lebensdauer haben.

Seit der Gemeinschaft der Apostel hat es nie eine ideale Gemeinschaft in der Nachfolge Jesu gegeben. Es ist jedoch ein Unterschied, ob diese Gemeinschaft sich ausbreitet, Gemeinden gründet, Kirchen baut und Gesellschaft beeinflusst oder ob man Zeit seines Lebens einen Konsolidierungsprozess erfährt, in dem gleichzeitig die Servicementalität wächst. Ich erlebe einen ununterbrochenen Rückzug. Alle Korrekturen sind schon mit einem Verfallsdatum oder Fragezeichen versehen und mir fällt es zunehmend schwer, mich in diesem Kontext zu engagieren. Es gibt Umstände, die mir die Freude an der Sache erschweren, besonders wenn sie ein Dauerzustand sind. (aus »?Kurskorrektur!«)

Die Arbeitswelt hat sich geändert. Man prophezeit Auszubildenden heute, dass sie zwei bis drei Mal im Leben ihren Beruf wechseln werden. Auch Priester können nicht erwarten, davon losgelöst zu existieren. Aber was erwarten wir von den Studenten, wenn sie bei einer absehbaren Entwicklung nicht nur in eine unklare Zukunft gehen, sondern diese voraussichtlich mit weiterem Bedeutungsverlust und steigenden Erwartungen verknüpft ist? Das Ansehen dieses Berufes war vor dreißig Jahren noch hoch. Deswegen hat man ihn nicht gewählt, zumindest im Normalfall nicht, aber der Ansehensverlust ist kein Grund für eine gesteigerte Motivation. Wir sind kein Wirtschaftsunternehmen, aber würden Sie einem jungen Menschen raten, sich an ein Unternehmen mit diesen Aussichten zu binden – dazu noch in Ehelosigkeit und Gehorsam? Ich kann die Mutter des Kommunionkindes gut verstehen!

Gottesdienste mit Suchenden, Fragenden, sogar den bekennend Ahnungslosen zu feiern, sind eine wahre Freude. Ebenso wie die Hochform am Hochfest eine Hochstimmung vermitteln kann. Es ist die Diskrepanz im Inneren mancher Feier, die mich schmerzt – und davon werden es mehr! (aus »?Kurskorrektur!«)

Höhere Erwartungen mit weniger Personal befriedigen, das führt zur Frustration, wobei weder die Suchenden noch die Fragenden ein Problem sind. Von der weihnachtlichen Beschimpfung der U-Boot-Christen, die einmal im Jahr auftauchen, habe ich nie etwas gehalten. Auch mit denen sollte man um Gottes willen einen guten Gottesdienst feiern. Aber lassen Sie sich mal von einer Pfarrsekretärin erzählen, mit welchen Sonderwünschen diese konfrontiert wird und was sie manchmal zu hören bekommt, wenn die nicht erfüllt werden!

Als es um die Verteilung von sechs Messen am Wochenende in drei kooperierenden Gemeinden ging, da war mein einziger Wunsch, anderthalb Stunden Abstand zwischen den Anfangszeiten zu haben, damit der Priester vorher in der Sakristei und nachher vor der Kirche Zeit für die Menschen hat. In einer Gruppe von Vertretern der drei Gemeinden, ohne die Priester, sollte dann entschieden werden, um wie viel Uhr die Messen stattfinden würden, und eine andere Gruppe sollte entscheiden, an welchem Ort das sein sollte. So hätten sich alle bemüht, eine optimale Verteilung zu finden, nicht wissend, welcher Teil denn nun ihrer Gemeinde zufallen wird. Nach der Devise wurde bei uns zu Hause der Nachtisch geteilt: Einer teilt, der andere wählt! Wenn Arbeit so aufgeteilt würde, dass mein Kind sie tun soll, wie würde dann die Arbeit in der Gemeinde verteilt?

Wir sind kein Wirtschaftsunternehmen, richtig. Die Trennlinie zwischen der soziologischen und der theologischen Erscheinung von Kirche ist jedoch fließend. Priester in der theologischen Erscheinung zu sein, macht Freude, und dazu werde ich jeden nur ermutigen, der mich fragt. Priester in der soziologischen Erscheinung von Kirche zu sein, so wie sie sich entwickelt, das kostet immer mehr Kraft. Aber daran müsste man doch etwas ändern können. Diese Frage habe ich der Mutter und mir gestellt: »Gesetzt den Fall, da kommt heute ein Kind und sagt seinen Eltern: ›Ich will Priester werden‹, wie müssten Kirche und die Gemeinde aussehen, damit die Eltern sagen: ›Junge, das finden wir großartig! Du wirst nicht reich, aber du wirst eine sinnvolle Tätigkeit ausüben und etwas Gutes für das Evangelium, die Kirche und die Menschen tun‹? Was können wir heute tun, damit wir uns in zehn Jahren darüber freuen, wenn jemand Priester werden will?«

Wie muss ich Kirche sein, damit ein Kind in einigen Jahren guten Mutes Priester werden möchte? Wie müssen wir Kirche sein, damit …? Wie müssen andere sich zur Kirche verhalten, damit …? Welche Erwartungen habe ich (dann vielleicht besser nicht mehr)?

Im letzten Kapitel versuche ich ganz vage und noch sehr unfertig ein Bild zu skizzieren von einer Gemeinde, wie sie vielleicht aussehen könnte, nachdem ich das bisher Geschriebene noch einmal gelesen habe. Eine, in der hoffentlich niemand überfordert, aber jeder nach seinen Fähigkeiten und Wünschen sich einbringen kann und gefordert wird.

Samstags läuft das Spiel
»Messe gegen Sportschau«

»Wir müssen um mehr Priester beten!« Die meisten kennen diesen Aufruf aus der Gemeinde. Einer Dame, die mir das sagte, erwiderte ich: »Wofür brauchen Sie mehr Priester? Sie haben doch einen.« »Dann können wir wieder die Frühmesse einführen!« Was sich fromm anhörte und wohl auch so gemeint war, hatte damals einen merkwürdigen Beigeschmack und hat es auch heute noch. Warum? In der Gemeinde gab es zwei Messen am Wochenende und im Umkreis von fünf Kilometern noch sechs weitere zur Auswahl. Acht Gottesdienste, gar nicht so wenig. Und trotzdem sollte Gott mehr Priester berufen, damit man noch mehr Auswahl hat. Es ging nicht darum, einen Notstand zu beheben, sondern um die eigene Bequemlichkeit. Nach wie vor stelle ich diese Rückfrage jedem, der mich auf das Gebet um geistliche Berufe anspricht: »Wofür brauchen Sie diese Menschen: Priester, Ordensleute, Pastoralreferentinnen?«

Viele kennen noch eine Zeit, in der es von allem noch ausreichend gab: Kirchen, Priester, Gottesdienstbesucher, Messen. Alle hatten ihren Vorteil: Es gab kurze Wege, die Priester konnten vertretungsweise auf Mitbrüder zurückgreifen, die Kirchen waren voll, es gab eine Auswahl an Messzeiten. Der Vorteil hatte jedoch einen Nachteil, der erst Schritt für Schritt spürbar wird. Die Zahl der Messfeiern wurde auch bei rückläufigen Besucherzahlen nicht reduziert, solange es noch genügend Priester gab. Die Zahl der Messen orientierte sich also nicht an der Zahl der Gottesdienstbesucher, sondern an der Zahl der Priester. War Letztere hoch, gab es noch ein Serviceangebot. Erst in dem Moment, als die Zahl der Priester spürbar sank, verringerte sich auch die Zahl der Messen. Mit den Gottesdienstbesuchern hatte das herzlich wenig zu tun. Sie erinnern sich, »wo zwei oder drei« und so weiter.

Als in meiner Gemeinde die Vorabendmesse von sechs auf fünf Uhr am Abend vorverlegt wurde – die Messe am Sonntag blieb auf zehn Uhr – gab es interessante Gespräche. Begründet wurde die Veränderung mit der Absprache zwischen drei Gemeinden, durch die die weniger werdenden Priester sich im Fall des Falles gegenseitig vertreten konnten. »Herr Pastor, wenn die Messe abends um fünf ist, können wir nicht mehr kommen. Wir sind noch im Garten bei der Arbeit.« – »Dann kommen Sie doch am Sonntagmorgen um zehn.« – »Das möchten wir nicht. Am Sonntag schlafen wir gerne etwas länger und frühstücken später.« – »Dann können Sie am Samstagabend um sechs in die Nachbargemeinde gehen.« – »Das möchten wir nicht. Wir möchten hier gehen, in unserer Kirche, wo wir die Menschen treffen, die wir kennen.« – »Wenn ich das richtig verstehe, möchten Sie am Samstag die Gartenarbeit machen, am Sonntag ausschlafen, nicht an einen anderen Ort gehen, und wenn diese Bedingungen alle erfüllt sind, dann würden Sie zur Messe kommen?«

Ganz ehrlich: Ich kann jeden einzelnen Wunsch für sich durchaus nachvollziehen. Ich bin auch gerne im Garten oder Wald. Gegen ein Stündchen mehr Schlaf habe ich selbst überhaupt gar nichts einzuwenden. Und klar, über Jahrzehnte war das gar kein Thema, weil das Angebot so war, dass man es sich bequem einrichten konnte. Gartenarbeit, Sonntagsschlaf und Messe, das ging problemlos zusammen. In dem Moment, wo auch nur ein Wunsch nicht mehr erfüllt wird, fällt die Mitfeier der Sonntagsmesse als Erstes hinten runter. Auf die Frage, ob er denn verantworten könne, dass die Menschen jetzt nicht mehr zur Messe kämen, antwortete Bischof Reinhard Lettmann bei einer Visitation: »Wenn ich vor meinem Schöpfer stehen werde und mir diese Frage gestellt wird, dann werde ich ihm sagen: Gott, dein Sohn hat sein Leben für die Menschen hingegeben, aber die Uhrzeit für diese Feier der Erlösung kam den Menschen in St. NN nicht so gut aus und sie sind deswegen zu Hause geblieben. Ich konnte es ihnen nicht erklären, worum es dabei geht. Das musst du jetzt mal machen.«

Orte, Menschen, Zeiten, Gewohnheiten, all das sind Argumente, die man nie leichtfertig vom Tisch wischen sollte. Bei der Eucharistiefeier gibt es aber auch einen Inhalt, einen Sinn, weswegen sich die Menschen zu einer abgesprochenen Zeit an einem bekannten Ort versammeln. Dieser Sinn sollte auch ein Gewicht bekommen, wenn nicht sogar das größte haben, wenn es um die Organisation der Feier geht. Hier geht es ausdrücklich nicht um die Wortgottesdienste (mit und ohne Kommunionfeier). Dafür sind oft die äußeren Bedingungen sehr unterschiedlich zwischen Land und Stadt, zwischen Diaspora und katholischen Kerngebieten. Nein, was ich meine, ist die Eucharistiefeier, die für unseren Glauben, wenn man ihn ernst nimmt, ja nicht ganz unerheblich ist.

»Wenn du eine Messe verlegst oder sogar ganz streichst, dann kannst du davon ausgehen, dass die Zahl der Menschen, die bisher kamen, bei der nächsten Statistik fehlt.« So oder ähnlich lautet es bei Konferenzen unter Hauptamtlichen, und daraus spricht Erfahrung. Genau so habe ich es der Gemeinde gesagt, wenn eine Messe gestrichen werden sollte: »Wissen Sie eigentlich, wie wir bei Konferenzen über Sie denken und sprechen? Wir gehen davon aus, dass Sie hier nur sitzen aus stumpfer Gewohnheit. Sobald sich etwas ändert an Zeit oder Ort, dann atmen Sie auf, denn dann haben Sie einen guten Grund, endlich zu Hause zu bleiben und uns, den Priestern, dafür die Schuld zu geben.« In dem Moment hätte man eine Stecknadel fallen hören können, aber Widerspruch gab es keinen. Die Besucherstatistik war nachher nicht schlechter, manchmal sogar besser als vorher, trotz Kirchenschließung und weniger Messen. Es kommen heute eben doch nicht alle aus reiner Gewohnheit!

Beim Gesellschaftsspiel Monopoly gibt es eine Karte, auf der steht: »Gehe zurück auf Los.« Diese Karte sollte man auf den Tisch legen, wenn sich mal wieder alles um Gottesdienstzeiten, Sonntagsmessen und Änderungen oder gar Streichungen dreht. Welchen Eindruck von unserer Feier würde ein nicht- oder andersgläubiger Mensch bekommen, wenn er an Diskussionen von Pfarreiräten teilnimmt, in denen um Orte und Zeiten gefeilscht wird? Wenn um eine Viertelstunde früher oder später verhandelt wird, wenn Gartenarbeit, Sportschau, Ausschlafen, Freizeit, Gewohnheiten und Mittagessen aufgeführt werden, und zwar weit vor dem Sinn der Feier von Tod und Auferstehung Jesu? Wie soll denn davon Glanz und Freude, Hoffnung und Überzeugung ausgehen, wenn sie nicht wichtiger ist als ein ausgedehntes Frühstück oder die Partie Köln gegen Bayern? Wann haben wir eigentlich vergessen, dass es sich dabei um die Hochform und das Hochfest unseres Glaubens handelt? Solange wir diese Feier wie sauer Bier anbieten und alle Wünsche über den Inhalt stellen, solange wird es eine traurige Veranstaltung bleiben. Denn sauer Bier mag keiner. Und noch einmal die Monopoly-Karte: Worum ging es eigentlich, als wir auf »Los« standen? Sie wissen schon, ganz am Anfang. Da sind Menschen einfach losgegangen, und zwar in ihre konkrete Umwelt und nicht in ihre gewohnten Strukturen. Das eine braucht mehr Wagemut, kann scheitern und danebengehen. Übrigens, so manche Gemeinde, die Paulus gegründet hat, gibt es heute nicht mehr. Gott sei Dank aber immer noch seine Botschaft.

Es könnte alles besser sein,
wenn nicht das Bodenpersonal ...

Ich feiere mit Freude die Messe, am Sonntag wie am Werktag. Ich freue mich über jeden, der dies ebenfalls tut, und sei es unregelmäßig. In unserer Gemeinde kommen ca. 90 % jedoch nicht wenigstens einmal im Jahr am Sonntag zur Messe, 70 % nicht einmal an Weihnachten.

Und tatsächlich wächst der Spagat zwischen den immer seltener im Leben der Menschen stattfindenden Gottesdiensten (Hochzeit, Taufe, Erstkommunion, Firmung, Beerdigung, Jubiläum, Weihnachten) und der inneren Gestimmtheit dafür, dem Grundgerüst, das man zum Mitfeiern vielleicht braucht. Der Anspruch, dass diese seltene Feier dann serviceorientiert, fehlerlos, auf hohem Niveau »geliefert« werden soll, und die Ahnungslosigkeit nicht Weniger sind für mich immer schwerer auszuhalten. Gottesdienste mit Suchenden, Fragenden, sogar den bekennend Ahnungslosen zu feiern, ist eine wahre Freude. Ebenso wie die Hochform am Hochfest eine Hochstimmung vermitteln kann. Es ist die Diskrepanz im Inneren mancher Feier, die mich schmerzt – und davon werden es mehr!

Wieder eine Stelle aus der »?Kurskorrektur!«. Und ja, wir, das Bodenpersonal, sind in der Tat ein Problem, und das nicht nur für die, die es mit uns zu tun bekommen. Wir sind auch ein Problem für uns selbst. Spätestens dann, wenn wir in den Bänken sitzen und den anderen zusehen und zuhören. Stimmt alles. Aber ich kann die Klagen über das Bodenpersonal einfach nicht mehr hören. Zuletzt bin ich hingegangen und habe Nörgler eingeladen, sich doch einmal am Sonntag neben mich zu stellen, vor die Gemeinde: »Was meinen Sie, was Sie da für eine Ansammlung an Mangelerscheinungen zu sehen und zu hören kriegen! Glauben Sie wirklich, dass nur Sie es schwer haben und wir umgekehrt nur zu hundert oder auch nur zu achtzig Prozent tolle Menschen vor uns haben?« Die einen bekam Schnappatmung, die anderen fingen an zu lachen.

Ich habe den Beruf des Seelsorgers immer als einen der freiesten überhaupt empfunden. Es gibt eine, je nach Situation, mehr oder weniger starke Sozialkontrolle, aber die Kontrolle durch Vorgesetzte ist im Verhältnis zu den meisten anderen Berufen gering. Dennoch ist ein hohes Engagement vieler zu sehen, nicht selten ein schon gesundheitsschädliches. Nur wenige Frauen und Männer versehen diesen Dienst mit der Stechuhr in der Hand. Die Zahl derer, die eher zu viel tun, ist hoch. Und mal ganz ehrlich: Wohl zu keiner Zeit hat es ein solch gut ausgebildetes Seelsorgepersonal von Frauen und Männern in so großer Zahl gegeben wie in den vergangenen fünfzig Jahren. Das darf man mit Stolz und Anerkennung sagen. Gerade, weil auf das Bodenpersonal so geschimpft wird. Und ich halte es auch für angebracht, all denjenigen einmal zu danken, die sich an den unterschiedlichsten Stellen für die Aus- und Fortbildung des Seelsorgepersonals einsetzen. Da wird gute Arbeit geleistet.

Und trotzdem: Gleichzeitig bekommen wir mit, wie die Kirche immer unbedeutender, immer unwichtiger wird. Wie der Glaube weniger bewusst und noch weniger gelebt wird. Wenn man manche Klage über das Bodenpersonal hört, dann hört sich das so an, als wären wir der Hauptgrund für diese Entwicklung. Ich weigere mich jedoch, das zu glauben!

Die meisten der Priester und Pastoralreferenten sind engagiert und gut. Aber: Ja und nochmals ja, wir, das Bodenpersonal sind ein Problem!

Ich erlebe ja selbst Gottesdienste, an deren Ende ich mich frage, ob ich in diese Kirche noch einmal gehen würde. Ich fühle mich da wirklich im buchstäblichen Sinne am Ende der Messe »entlassen«. Selbst als Gläubiger komme ich manchmal aus der Messe und weiß nicht, ob ich eher wütend, traurig oder gar bestürzt sein soll. Allerdings liegt das in den seltensten Fällen allein am Zelebranten oder der Predigt, sondern nicht selten am ganzen Erscheinungsbild.

Ich erinnere mich an eine Messe in einer Dorfkirche. In den ersten vierundzwanzig Bänken saß genau eine Person. Eine! Die letzten sechs Bänke waren dagegen proppevoll mit Gläubigen. Und ich war einer davon. Da wurde mir noch mehr bewusst als sonst: Wir sind Teil des Problems. Aber nicht das ganze Problem. Nein und noch einmal nein, so einfach ist das nicht. Man ist schon mal der Lustlosigkeit eines Priesters ausgeliefert oder auch einer frei vagabundierenden Liturgie, es gibt Predigten, die sind uninteressant oder sogar dumm, geleierte Lesungen und auch Organisten können einen Gottesdienst zur Strecke bringen.

Wie gesagt, ich will mich nicht beschweren und herumjaulen, dass die Welt so böse wäre und man uns Unrecht täte. Ich sehe schon unsere Mitschuld, keine Frage. Aber ich bin nicht bereit, zu akzeptieren, dass die Gesamtmisere letztlich nur ein Personal- und Performanceproblem ist. Es gab Taufen und Trauungen, da habe ich nach dem ersten Lied die Feier kurz unterbrochen für eine freundliche Zwischenfrage an die versammelte Gemeinde: »Stellen Sie sich vor, es käme jetzt jemand in diese Kirche und müsste ankreuzen, was wir hier gerade feiern: Hochzeit, Taufe oder Beerdigung? Wo würde dieser Mensch sein Kreuz machen?« Natürlich sollte man eine solche Frage mit dem freundlichsten Lächeln stellen. Aber es ist eine Chance, das vielleicht erwartete und sich gerade bestätigende Bild von Kirche aufzubrechen, und zwar mit denen, die gekommen sind. Alleine geht das nie. Die Hälfte der Verantwortung für eine gelingende Feier übernehmen wir: die Priester, Predigerinnen, Organisten, Lektorinnen und Küster. Die andere Hälfte liegt auch bei denen, die die Antworten geben oder singen. Manchmal könnten alle Serafin und Cherubim in der Höhe himmelhoch jauchzen, hier unten ist es trotzdem zu Tode betrübt.

Hier und da ein freundlicher Hinweis kann hilfreich sein und ich finde, wir sollten davor auch keine Angst haben. Ein anderes Beispiel: Ein neuer Mitbruder in der Gemeinde berichtete sichtlich angetan von einer freundlichen Rückmeldung nach seinem ersten Gottesdienst. Ein Mensch sei zu ihm gekommen und habe gesagt: »Herr Pater, in unserer Gemeinde müssen Sie die Kommunion langsamer austeilen. Wir nehmen uns dafür immer Zeit.« Wie und was ihm mitgeteilt wurde, sagte viel über die Atmosphäre im Gottesdienst und im Umgang der Menschen in der Gemeinde aus. Auf fruchtbaren Boden fiel der Hinweis auch noch.

Wenn Menschen, die wegen Schwierigkeiten mit dem Bodenpersonal aus der Kirche ausgetreten sind, wieder eintreten wollten und mit diesem Wunsch zu mir kamen, dann habe ich oft gesagt: »In unserer katholischen Kirche verändert sich nur sehr langsam etwas. Wir sind, bildlich gesprochen, ein großer Tanker auf dem Weltmeer mit über einer Milliarde Menschen aus allen Kontinenten und Kulturen. Bis Sie bei einem so großen Schiff eine Kursveränderung wahrnehmen, dauert das.

Daher werden Sie wahrscheinlich in dieselbe Kirche eintreten, aus der Sie vor Jahren ausgetreten sind. Wenn Sie bei Ihrem Eintritt aber akzeptieren, dass wir durch Sie auch nicht nur besser werden, dann können Sie mit den Schwächen der anderen wahrscheinlich auch leichter leben.« Es gab einige, die daraufhin doch nicht wieder eingetreten sind. Doch genau da liegt für mich ein Schlüssel für den Umgang miteinander: ein realistischer und barmherziger Blick auf die anderen und bitte schön auch auf sich selber. Wir freuen uns über jeden Menschen, der bei uns mitmachen will. Doch wer glaubt, dass wir durch ihn nur besser werden, der überschätzt sich – und der unterschätzt uns. »In Demut schätze einer den anderen höher ein als sich selbst.« (Phil 2,3)

Es geht keineswegs darum, zu konstatieren, dass das Bodenpersonal nur gut oder einfach eine Katastrophe ist. Wir sind ein guter Durchschnitt der allgemeinen Bevölkerung und mein persönlicher Eindruck ist, dass viele von uns sich eher zu viel als zu wenig engagieren. Wir müssen auch nicht ständig und für alles gelobt werden. Eine begründete Kritik sollte sich jeder Mensch anhören können. Sie kennen das ja: nicht wie einen nassen Lappen um die Ohren hauen, sondern wie einen warmen Mantel anbieten, den man gerne annimmt.

Über einige Jahre habe ich mit einem Mitglied aus dem Seelsorgeteam den ersten Elternabend der Kommunioneltern begonnen, indem wir uns ohne Begrüßung auf zwei Stühle in den Kreis der Eltern setzten und zwei kleine Rollenspiele darboten. Einmal das fiktive Gespräch zwischen Vater und Mutter beim Abendessen vor dem Elternabend. Natürlich muss schließlich die Mutter gehen, denn Kirche ist Frauensache und sie soll bloß darauf achten, dass der Pastor nicht so viel Aktivitäten verlangt, und wenn möglich einen guten Platz zu ergattern für den Festtag, wenn man dann schon kommt. Wir haben überspitzt das gespielt, was leider viel zu oft Realität ist, was aber durch unsere Übertreibung nicht so peinlich sein sollte. Unmittelbar im Anschluss daran haben wir spielerisch eine Dienstbesprechung zwischen Hauptamtlichen dargeboten, in der wir den Frust über desinteressierte Eltern oder nur am Blumenschmuck Interessierte vorstellten. Meistens gab es viel Gelächter, das Eis war gebrochen und es war klar: Wir sind Menschen mit Stärken und Schwächen – ALLE!

Das Heilige als Mittel zum Zweck?

Wenn ich an die Stärken unserer Kirche denke, dann fallen mir unter anderem unsere Zeichen und Rituale ein. Über zweitausend Jahre haben wir da einen echten Schatz erworben, den es immer wieder zu entdecken und freizulegen gilt. Das Internet ist voll mit Zeichen – Emoticons spielen hier für die Kommunikation eine wichtige Rolle. Oder nehmen wir den Verhüllungskünstler Christo, der bekannt wurde mit Aktionen, die das, was wir in der Fastenzeit mit unseren Kreuzen tun, ins Gigantische übertragen und damit die Massen anziehen und begeistern.

Dass wir ein Händchen haben für den Umgang mit Zeichen und Ritualen, merken wir auch daran, dass Menschen mit Anfragen nach Riten im weitesten Sinne sich an die Kirche wenden, sei es Segnung, Salbung, Erstkommunion, Firmung, Hochzeit oder auch nur das Entzünden einer Kerze. Riten und Zeichen sprechen für sich, wenn sie gut gesetzt und gestaltet sind. Wie sehr Menschen das bewusst oder unbewusst wahrnehmen, wurde mir deutlich an der Art und Weise, wie man in Kirchen mit den Möglichkeiten umgeht, Kerzen zu entzünden. Teelichter sind praktisch und sauber. Zumindest praktisch für den Küster und sauber für den Raum. Für den, der sie anmachen will, sind sie hingegen unpraktisch, da man sich leicht verbrennt, wenn man das eine Licht am anderen entzünden will. Die Flamme eines Teelichtes ist auch nie so schön wie die einer richtigen Kerze. Wenn man dann auch noch vorgestanzte Löcher hat, in die man die Teelichter stellen kann, dann stehen alle in Reih und Glied, sind gleich groß, machen wenig Arbeit und hinterlassen keinen Ruß auf den Wänden. Auch nach fünfzehn Jahren sieht ein Ort dann immer noch so aus, als wäre der letzte Mensch vor mir der Anstreicher gewesen. Hunderte und Tausende Beter haben keine Spuren hinterlassen. Als wir in der Gemeinde von Teelicht um- und richtige Kerzen aufgestellt haben, ging der Verbrauch der Kerzen um dreißig Prozent nach oben – und das nicht nur in einer Gemeinde, sondern in jeder meiner drei Gemeinden. Klar: Echte Kerzen sind leichter zu entzünden, sie verbreiten ein wärmeres Licht und die unterschiedliche Länge der Kerzen lässt ein schöneres Bild entstehen. Sicher nur Kleinigkeiten, die aber zum Gefühl wesentlich beitragen.

Manche Kirchen sehen aus wie eine Abstellkammer und dabei hat man noch nicht einmal hinter die Altäre oder in die Beichtstühle geschaut. Und dann gibt es auch solche, die sind so sauber und aufgeräumt, dass sie die aseptische Atmosphäre eines Operationssaales verbreiten. Irgendwo dazwischen liegt für jeden Kirchenraum die richtige Gestaltung: einladend, aber nicht gemütlich wie ein Wohnzimmer; anders als gewöhnliche Räume, aber nicht befremdend; groß, aber nicht erdrückend; klein, aber nicht beengend; verständlich in den Bildern und Zeichen und doch geheimnisvoll; bergend, aber nicht duster; vor mir offen, hinter mir mich umschließend.

Der Eindruck, den Kirche macht, hat viel mit der Kirche als Raum zu tun. Das ist nicht zu unterschätzen. Noch wichtiger sind freilich die Begegnungen und Erfahrungen, die Menschen im Gottesdienst machen. Jeder von uns steht schon mal mit dem falschen Bein auf, trifft nicht den richtigen Ton, macht etwas falsch. Erlebten die Menschen ihre

Hauptamtlichen früher öfter, hieß es dann: »Heute hatte er aber einen schlechten Tag.« Erleben Menschen uns nur noch alle fünf bis zehn Jahre bei einer Taufe, Erstkommunion, Hochzeit oder Beerdigung und erwischen uns dann an solch einem schlechten Tag, dann heißt es für die kommenden Jahre: »Der ist unsympathisch und macht schlechte Stimmung. Ein guter Grund, da nicht mehr hinzugehen.« Wenn einem das einmal klar geworden ist, dann steht man unter einem erhöhten Erwartungsdruck, selbst wenn man seine Arbeit gerne tut und sie auch gut machen will. Dabei handelt es sich um ein Missverständnis, das deshalb entsteht, weil der erste Eindruck zählt. Und wenn man nur alle fünf Jahre oder sogar noch weniger in die Kirche geht, dann ist das ein erster und bleibender Eindruck.

Ein ganz anderes Missverständnis hat damit zu tun, dass die Zeichen, die wir aussenden, auch verstanden werden müssen. Das fordert uns, aber natürlich auch den Empfänger. Wenn in einem Gottesdienst Gebete gemeinsam gesprochen werden, zum Beispiel das Glaubensbekenntnis oder das Vaterunser, dann beginne ich damit über das Mikrofon, trete danach aber zurück, um mit meiner Stimme nicht zu dominant zu sein. Bei einer Hochzeit ging es mir dann einmal so: Einige kannten das Vaterunser noch und beteten anfänglich auch mit. Nur wurden sie dann immer unsicherer und innerhalb weniger Worte betete keiner mehr. Ein Debakel, nicht nur stimmungsmäßig. Bei diesem Gebet handelt es sich nicht um irgendein Gebet, sondern um DAS Gebet. Menschen hatten sich gerade in einem Gottesdienst ein Sakrament gespendet und die Hochzeitsgesellschaft war nicht in der Lage, dieses Gebet zu sprechen? Das konnte doch wohl nicht sein. Statt es mehr oder weniger alleine zu Ende zu bringen, packte ich diejenigen bei ihrer Ehre, die es noch konnten, und sagte: »Ich bin mir sicher, dass einige von Ihnen dieses Gebet sprechen können. Wenn wir uns jedoch darauf verlassen, dass es die anderen tun, dann wird da nichts draus. Daher die freundliche und ermunternde Bitte, dass die, die es noch können, es auch laut mitsprechen. Wir tun ja nicht so, als ob wir hier Gottesdienst feiern, sondern wir feiern ihn wirklich. Ermutigen wir uns auch gegenseitig zum Bekenntnis. ›Vater unser im Himmel …‹.« Die Einladung wurde angenommen – hatte aber auch ein Nachspiel. Der Vater der Braut schrieb mir einen enttäuschten Brief, in dem er mir vorwarf, ich hätte die Gesellschaft vorgeführt. Im Übrigen wolle sein Sohn jetzt aus der Kirche austreten und sein Kind nicht mehr taufen lassen. Der gesamte Gottesdienst mit unserer ausgezeichneten Organistin, dem guten Rahmenprogramm, einer lebendigen Predigt – während der es gute Reaktionen gab – einer andächtigen, würdevollen Trauung, all das zählte nichts mehr angesichts eines Fehlers? Ich entschuldigte mich dafür schriftlich und legte meine Beweggründe noch einmal dar. Bald darauf erhielt ich einen weiteren Brief des Vaters. Er habe sich bei dem Brautpaar selbst noch einmal erkundigt und nicht nur diese, sondern alle jüngeren Gottesdienstbesucher hätten mein Verhalten ausdrücklich begrüßt. Es sei richtig gewesen und hätte der Feier sehr wohl auch etwas Lebendiges und Überzeugendes verliehen; die eher älteren Menschen hätten sich an meinem Verhalten gestört. Ich rechne dem Mann seinen zweiten Brief hoch an. Denn das ermutigt: Was der eine als Fehler sieht und woran er sich stört, finden zwei oder drei andere gerade gut und richtig. Wir sollten uns daher nicht zu sehr unter Druck setzen lassen von einer Reaktion. Oder ständig denken: Wenn ich's jetzt versaue, dann war's das, und zwar für immer.

Umgekehrt kennt wohl jeder Hauptamtliche die Rückmeldung, die es nach einer Messe, Trauung, Predigt, Taufe, Beerdigung und anderen Gelegenheiten gibt: »Wenn wir doch in unserer Gemeinde so jemanden hätten wie Sie, dann würden wir auch öfter zur Kirche kommen!« Danke für das Kompliment und noch einmal Danke allen, die es uns schon einmal gesagt haben! Wir sind Menschen und leben auch von guten Rückmeldungen. Aber ist es nicht erstaunlich, dass das gute Personal immer in der anderen Gemeinde oder Stadt eingesetzt wird und nie bei uns? Als ob wir Äpfel wären: Die Besten hängen in Nachbars Garten! Ich habe mich stets bedankt für jede gute Rückmeldung. Wenn sie aber mit der obigen Bemerkung verbunden war, dann habe ich auch zu Bedenken gegeben, warum so viele Menschen in meiner Gemeinde das nicht erkennen und so sehen. Mit der Frage stehe ich im Kreise der Hauptamtlichen sicher nicht alleine. Noch einmal: Danke für jedes Lob an uns – und – suchen Sie doch mal in Ihrer Nähe, ob es da nicht auch den ein oder anderen Guten beim Bodenpersonal gibt.

Persönlich waren mir Beerdigungen immer das Liebste unter den Gottesdiensten, abgesehen von der Messe. Nichts gegen Taufen und Trauungen, habe ich doch nahe am Wasser gebaut und muss mich manchmal schon sehr beherrschen. Doch bei Beerdigungen wird unser Glaube, wird mein Glaube auf die Probe gestellt: Gibt es einen Gott oder nicht? Was spricht für mich dafür? Hier liegen die Nerven der Anwesenden oft blank und man muss seine Worte wägen, vorsichtig mit den Wunden umgehen, die der Tod gerissen hat. Was sage ich und wie sage ich es? Eine Herausforderung.

Bei einer Beerdigung sogar eine besondere, aufgrund der Umstände: Ein ehemaliges Mitglied einer bundesweit bekannten Rockerbande war verstorben, seine Angehörigen baten mich als zuständigen Pfarrer um die Beerdigung. Zwei Welten trafen aufeinander, aber durchaus mit Interesse aneinander. Der Verstorbene hatte sich noch ein Totenkopf-Tattoo stechen lassen wollen, war aber nicht mehr dazu gekommen. Ob man deshalb auf die Urne einen Totenkopf machen könne? Von mir aus, sagte ich, das sei uns Christen ein vertrautes Symbol. Der Wunsch, das Musikstück »Highway to Hell« zu spielen, passte nicht so ganz zu dem, wofür wir als Kirche stehen. »Highway to Heaven«, okay, aber »to Hell«? Die Familie verstand. Dann nur noch die Frage, ob bei der Beerdigung die Urne im Grab mit einem kleinen Whisky übergossen werden könnte, das Lieblingsgetränk des Verstorbenen. Als Katholik bin ich ein Freund von großen Zeichen. Ich bot der Familie an, eine Magnumflasche Black & White mitzubringen, die mir just in diesen Tagen aus einer Haushaltsauflösung zugekommen war. Eine sehr ungewöhnliche Trauergemeinde setzte sich nach dem Gottesdienst in der Aussegnungshalle in Bewegung. Der Neffe ließ es sich nicht nehmen, die Urne des Onkels zu tragen, was ich ausgesprochen feinfühlig fand. Alles nahm seinen Gang, die Gemeinde trank am Grab einen Whisky und schüttete den reichlichen Rest über die Urne. Am nächsten Tag wurde mir von den Friedhofsgärtnern berichtet, einer von ihnen hätte die Vorgeschichte nicht mitbekommen, sei anschließend an dem Grab vorbeigekommen und habe erstaunt berichtet: »Jetzt haben sie den Rocker verbrannt und der riecht immer noch nach Alkohol!«

Auch der Beginn des Lebens als Christ ist ausgestaltet mit vielen ergreifenden Zeichen. Bei der Salbung mit den Ölen fiel mir irgendwann auf, dass ich eigentlich gar keine richtige

Salbung vornehme. Vielmehr bekommt der Täufling ein kleines Kreuz mit einem öligen Daumen auf die Stirn gezeichnet, das danach sofort wieder weggewischt wird. Schritt für Schritt entdeckte ich selbst die Sprache der Zeichen wieder. Zuletzt habe ich den Täuflingen so viel Chrisamöl über den Kopf geschüttet, dass ein Pate damit den ganzen Kopf einreiben konnte. Und es wurden auch weitere Teile des Körpers gesalbt. »Wir salben deine Augen(brauen), damit sie die Schönheit in Gottes Schöpfung entdecken; wir salben deine Nase, damit sie den Wohlgeruch der Schöpfung riechen kann; wir salben deine Ohren, damit sie die Stimme Gottes vernehmen und die Stimmen der Menschen unterscheiden können; wir salben deine Hände, damit du entdeckst, welche Talente dir Gott gegeben hat, um an seiner Schöpfung mitzuwirken; wir salben deine Füße, damit du nicht vergisst, dass Gott mit dir auf dem Weg ist.« Einige Salzkörner wurden auf die Lippen gelegt mit den Worten: »Empfange das Salz der Weisheit. Gott schenke dir Geschmack und Freude an deinem Leben. Mögest du das Salz schmecken, wenn dir die Tränen übers Gesicht fließen, sei es aus Trauer oder Freude, denn beides gehört zu deinem Leben.« Diese Zeichen erklärten sich wie von selbst und gerade erwachsene Täuflinge haben sich bereitwillig darauf eingelassen, sich von ihren Paten salben zu lassen.

Große Freude habe ich auch immer am Blasiussegen. Wenn ich den in Kindertagen einmal nicht bekommen hatte, dann wurde der Fisch danach aber besonders vorsichtig gegessen. Dabei sind es andere Dinge als gerade Fischgräten, die uns im Halse stecken bleiben. In einem Schulgottesdienst kamen die Kinder, nachdem ich das Ganze kurz erzählt hatte, nach vorne, um den Blasiussegen zu empfangen. Da steht man – oder geht in die Hocke – mit den langen, gekreuzten, brennenden Kerzen vor den Kindern, die einen erwartungsvoll gespannt mit großen Augen anschauen; hält die Kerzen vors Gesicht, so dass sie sich links und rechts davon befinden, legt eine Hand auf den Kopf, schaut in die Augen und spricht ein Segensgebet. Unvergesslich, wie sich ein Junge danach umdrehte, kurz mit den Füßen trampelte, sich schüttelte, strahlte und dann wegging, so als müsse er eine Spannung lösen oder den Segen im ganzen Körper verteilen. Ein Lehrer hatte das gesehen, kam nachher und meinte mit einem etwas spöttischen Gesicht: »Sie verarschen die Kinder doch!« Wörtlich. Ich antwortete ihm darauf: »Wenn Sie heute nach Hause kommen und Ihre Frau Ihnen sagt: ›Schatz, ich liebe dich!‹, was Sie dann im Herzen und auf dem Rücken spüren, ist reine Verarschung Ihrer Frau.« Pause. Aus seinem spöttischen Lächeln wurde ein entspanntes: »Schönen Tag noch, Herr Pastor.« »Danke, den wünsche ich Ihnen und Ihrer Frau auch.«

Auf der einen Seite sind Begegnungen mit den selten kommenden Menschen eine echte Chance, das Bild von Kirche aufzubessern. Auf der anderen Seite scheue ich mich jedoch davor, unsere Gottesdienste unter diesem Aspekt zu betrachten. Das Heilige kann und darf doch nicht Mittel zum Zweck werden. Es ist wie mit dem Blumenstrauß, den man überreicht. Das kann man tun, weil man den anderen liebt, oder man tut es mit dem Gedanken, damit der andere mich liebt. In beiden Fällen sieht der Strauß gut aus, doch im zweiten Fall mischt sich ein unangenehmer Geruch bei. Wenn wir Kirche für Menschen als Raum und Erfahrung wieder anziehender machen wollen, dürfen wir die Zeichen, die wir haben, benutzen. Sorgfältig und ohne sie überzustrapazieren.

Aber auch selbstbewusst und kreativ. Das ist ein Pfund, mit dem wir wuchern können. Mit dem wir Menschen erreichen, selbst wenn sie eher selten in der Kirche sind. Und keine Sorge: Es muss ja nicht immer Whisky sein.

Das vergessene Versprechen

»Wir versprechen, unser Kind im Glauben zu erziehen.« Den Satz kennt jeder, der schon einmal bei einer Taufe war. Und wie viele haben ihn selbst schon ausgesprochen, mehr oder weniger bewusst. So etwas darf man natürlich nicht machen, aber zu gerne hätte ich mir das Versprechen der Eltern bei der Taufe, ihr Kind im Glauben zu erziehen, schriftlich geben lassen, um es beim Elternabend vor der Erstkommunion wieder hervorzuholen. Die Einladung zu diesem Elternabend erfolgte u. a. mit der Formulierung: »Bei der Taufe haben Sie versprochen, Ihr Kind im Glauben zu erziehen. Wir wollen Ihnen helfen, Ihr Kind jetzt auf die Teilnahme an der Kommunion vorzubereiten.« Es waren viele Eltern, die sich absolut sicher waren, das niemals versprochen zu haben. Wenigstens erklärt das den Umstand, dass deren Kinder weder ein Kreuzzeichen noch das Vaterunser konnten.

Unzählige Schreiben der Kirche formulieren, dass die Eltern die ersten Lehrer des Glaubens für ihre Kinder seien. Das stimmt auch – oder sollte stimmen. Denn der Spagat zwischen Theorie und Wirklichkeit wird von Jahr zu Jahr größer. Kann man denn das Christsein am Kreuzzeichen und Vaterunser festmachen? Nicht nur, aber klar kann man das auch daran festmachen! Ohne das äußerste Grundwissen unseres Glaubens – und da sind Kreuz und Vaterunser wirklich nicht zu hoch angesetzt – bleibt vom Christsein nicht mehr viel übrig. Ein guter Mensch sein, das kann man auch ohne Kreuzzeichen und Gebet. Christ dagegen ist man nur mit.

Ist man ein guter Christ, ist man auch ein »guter Mensch«, zumindest kommt man dem sehr nahe. Was allerdings nicht identisch ist: Christsein und »Guter Mensch-Sein«. Wir Christen haben doch keinen Alleinvertretungsanspruch auf das Gutsein, weder gegenüber anderen Religionen noch gegenüber Agnostikern oder Atheisten. Andersherum gibt es das Christsein nicht ohne ein Grundwissen, ohne einen Glauben und ohne ein Handeln daraus. Wer meint, dass Eltern damit heute überfordert sind, dem kann man auch antworten, dass sie dann ihrem Kind ein solches Versprechen nicht geben sollten. Wenn sie es der Gemeinschaft gegenüber nicht halten, ist das schon schade. Wenn sie es gegenüber ihrem Kind nicht einlösen, dann ist das traurig.

Nahezu alle Gemeinden bieten für Familien mit Kleinkindern spezielle Gottesdienste, Kurse, Begleitbriefe und viele andere Hilfen bei der religiösen Erziehung an. Die Frage an uns als Gemeinschaft ist aber, warum wir keine gestufte Nähe entwickelt haben, nachdem wir mitbekamen, wie sich eine gestufte Distanz seitens der Eltern herausgebildet hat. Bei uns gibt es immer nur »ganz oder gar nicht«. Mit dem Ergebnis, dass alles versprochen und immer weniger gehalten wird.

Dass wir sehr wohl in der Lage sind, zu unterscheiden, wird bei der Erwachsenentaufe sichtbar. Verstärkt durch die Flüchtlingswelle ab dem Jahr 2015 erhielten einige Gemeinden immer mehr Anfragen von Muslimen nach der Taufe. Nicht selten reagierte man argwöhnisch, dass einige sich damit nur ihren Asylstatus verbessern wollten. Das mag sogar in einigen Fällen stimmen. Wie aber darauf manchmal reagiert wurde, ist problematisch. Es hieß zunächst, die Vorbereitung auf die Taufe brauche Zeit. Die Erkenntnis ist nicht neu, findet ihre Anwendung aber nur bei Erwachsenen, die getauft werden wollen. Bei Kindern von Kirchensteuerzahlern sind wir großzügig ohne Ende und geben uns mit ritualisierten Antworten zufrieden. Bei Menschen, die um ihr Leben fürchten und sich vielleicht »nur« aus diesem Grunde taufen lassen wollen, legen wir inhaltliche Kriterien an. Welchen Eindruck bekommen wohl taufwillige Asylbewerber, wenn sie feststellen, wie hoch die Hürden vor ihnen sind und wie lax wir mit den nicht praktizierenden Kirchensteuerzahlern und deren Wunsch nach der Taufe des Kindes umgehen?

War das früher anders? Ja, war es tatsächlich. Es war allein deswegen schon anders und für die Eltern leichter, weil die Gesellschaft in größerem Maße gemeinschaftlich glaubte und diesen Glauben auch öffentlich praktizierte. Als der neue katholische Katechismus erschien, sind meine Eltern zu den angebotenen Einführungsabenden gegangen und kamen oft zurück mit der Bemerkung: »Wir haben anscheinend unser ganzes Leben was Falsches geglaubt.« Das kann ich nicht überprüfen, aber bis heute haben wir Kinder nicht einmal das elterliche Haus verlassen, ohne dass sie uns das Kreuzzeichen auf die Stirn gemacht hätten mit den Worten »Gott schütze dich«. Ich sehe sie noch vor mir, wie sie sonntags und auch oft werktags zur Messe gegangen sind und gehen, ich sehe sie in der Kirche knien und im Gebetbuch das Gebet für den Ehepartner und die Kinder beten. Noch heute beten sie vor und nach dem Essen, am Morgen und am Abend, und all das ohne großes Aufsehen und ohne sich für besonders fromm zu halten. Doch sind sie nie auf die Idee gekommen, ins nahe Kevelaer zu wallfahren. Sie gehen auch lieber am Samstagabend zur Vorabendmesse, denn dann ist der Sonntag frei.

Das sagt noch nichts darüber aus, wie tief der Glaube ist, und sicherlich auch nichts über das Gutsein als Mensch. Aber es sagt etwas über das Christsein aus. Praxis kann man sehen! Mangelnde Praxis und Ahnungslosigkeit auch! Auffallen tut dies besonders dann, wenn es um die öffentliche Feier des Glaubens geht, der ansonsten keine Rolle spielt. Wir veranstalten theologische Hochgebirgstouren mit Menschen, die Flip-Flops an den Füßen tragen. Bei der Erwachsenentaufe sind wir uns der Abgrenzung gegenüber der nicht mehr christlichen Gesellschaft bewusst und machen mit den Taufbewerbern eine intensive Vorbereitung. Doch taufen wir bei den Kindertaufen ununterbrochen weiter eine Gemeinde zusammen, die immer weniger auskunftsfähig ist in der Welt und in dieser kaum mehr zeugnisfähig.

Warum ändern wir nicht unsere Praxis, wenn sich die Praxis der »Kinder dieser Welt« ändert? Da spielen verschiedene Faktoren eine Rolle. Wir glauben den Eltern, wenn sie das Versprechen geben, und das ist auch unbedingt gut so. Wir tun gut daran, den Glauben nicht zu prüfen, sondern z. B. Altersgrenzen zu setzen, wenn es um das Patenamt geht (14 Jahre). Wo kämen wir hin, wenn wir den Glauben von Eltern und Paten prüfen würden? Dabei würde es ja nicht bleiben. Irgendwann stände jeder, auch der Papst, auf dem Prüfstand. Wir sind gut beraten, wenn wir den Menschen glauben und ihnen Glauben schenken. Darüber hinaus haben die Kirchensteuerzahler auch ein Recht auf die Taufe. Auch sind wir Hauptamtlichen uns nicht einig und jeder hält es anders. Ich hatte den Fall, dass beide Eltern ausgetreten waren und ein Pate sogar ungetauft. Den Taufwunsch begründeten die Eltern ausschließlich mit einem Kindergartenplatz und dem späteren Besuch einer bischöflichen Schule. Ich habe das Kind nicht getauft, aber sie haben einen anderen Priester gefunden und vielleicht hatte er ja gute Gründe, die mir entgangen sind. Wer will schon angesichts zahlloser Möglichkeiten und individueller Umstände eine Regel erstellen, nach der getauft werden soll? Und ein längeres Katechumenat wie bei Erwachsenentaufen einführen? Das wäre vielleicht ein Weg, aber einer, der nur funktionieren kann, wenn alle Gemeinden diesen mitgingen. Nur höre ich die Fragen schon: »Aber das soll dann doch bitte nur für diejenigen gelten, die sonntags nie da sind und nicht für uns, Herr Pastor, richtig?« Und dann habe auch ich mir gedacht, wir lassen doch besser alles beim Alten – oder?

Das letzte Wort ist noch nicht gesprochen

»Wir lassen doch besser alles beim Alten«, so endete der vorherige Abschnitt – doch das darf nicht so stehen bleiben. Das »Buch der Unruhe« von Fernando Pessoa (1888–1935) beginnt mit der Aussage: »Ich lebe in einer Zeit, in der die Menschen den Glauben aus demselben Grund verlieren, wie ihre Eltern ihn hatten – sie wissen nicht warum.« Eine treffende Glaubens- und Zeitanalyse mit wenigen Worten. Haben unsere Eltern gewusst, warum sie glauben? Sich bewusst dafür entschieden? Wenn nicht, was verlangen wir dann von den Menschen unserer Tage? Ist das nicht eine hoffnungslose Überforderung der Menschen und auch derer, die sich vornehmen, alle Menschen zu bewusstem Glauben zu führen? Schränken wir das »alle« ein auf solche, die ein Sakrament empfangen, und selbst das erscheint unerreichbar?

Was aber hieße dies im Umkehrschluss? Wäre der fiktive Roman »Unterwerfung« von Michel Houellebecq von 2015, in dem er das Szenario beschreibt, bei dem überzeugte Muslime die politische und gesellschaftliche Herrschaft in Frankreich und Europa übernehmen, dann nicht denkbar? Bringen wir Menschen nicht auch um die Erfahrung der Christusbegegnung, wenn wir uns mit der Folgenlosigkeit der Sakramentenspendung abfinden?

Papst Franziskus hat bei einer Generalaudienz gebeten, alle sollten einmal aufzeigen, die ihr Taufdatum kennen. Viele Finger sah er nicht. Bei einer anderen Gelegenheit kam der Papst darauf zurück und erklärte: »Viele von uns haben nicht die geringste Erinnerung an die Feier dieses Sakraments, und das ist ganz natürlich, wenn wir kurz nach der Geburt getauft wurden. Ich habe diese Frage zwei oder drei Mal hier auf dem Platz gestellt: Wer von euch das Datum der eigenen Taufe kennt, hebe die Hand. Es ist wichtig, den Tag zu kennen, an dem ich in jenen Heilsstrom Jesu eingetaucht wurde. Und ich erlaube mir, euch einen Rat zu geben – oder nicht so sehr einen Rat, sondern vielmehr eine Hausaufgabe für heute. Sucht, fragt heute zu Hause nach dem Datum der Taufe. Dann kennt ihr den so schönen Tag der Taufe genau. Das Datum unserer Taufe zu kennen, bedeutet, ein mit Freude verbundenes Datum zu kennen. Wenn wir es nicht kennen, laufen wir Gefahr, die Erinnerung zu verlieren an das, was der Herr an uns getan hat, die Erinnerung an das Geschenk, das wir empfangen haben. Dann betrachten wir es am Ende nur als ein Ereignis, das in der Vergangenheit geschehen ist – und nicht einmal durch unseren Willen, sondern durch den unserer Eltern – und das daher keinen Einfluss mehr auf die Gegenwart hat. Wir müssen die Erinnerung an unsere Taufe wieder wecken. Wir sind aufgerufen, unsere Taufe jeden Tag zu leben, als gegenwärtige Wirklichkeit in unserem Dasein.«

Der Papst hat recht, kein Zweifel. Nur: Was steht denn auf Grabinschriften bei Päpsten? Geburts-, Weihe- und Sterbedatum – nicht das Taufdatum. Das ändert natürlich nichts daran, dass die Hausaufgabe, die Franziskus den Gläubigen bei der Generalaudienz gab, auf etwas Wesentliches abzielt: Wenn wir uns in den meisten Fällen nicht an unsere Taufe erinnern, werden Kommunion, Hochzeit und Weihe fast unweigerlich wichtiger. Was wiederum würde passieren, verwendeten wir dieselbe Intensität auf die Taufvorbereitung wie auf die Kommunion- oder Firmvorbereitung? Hätten wir dann nur noch mehr Arbeit – oder vielleicht sogar weniger?

Und was wäre, wenn es mehr Optionen gäbe als nur »ganz oder gar nicht«? Zum Beispiel, wenn Eltern ihr Kind zunächst einmal segnen und dann, wenn die Entscheidung wirklich gereift und gefallen ist, später taufen. So entscheiden sie mit, wie viel sie versprechen und auch halten können. Die Katechumenensalbung könnte wieder zu ihrem Recht und ihrer Wirkung kommen. Unser Angebot und das Bedürfnis der Menschen, die immer seltener in Übereinstimmung zu bringen sind, könnten sich wieder annähern.

Ich habe das als Pfarrer selbst so nicht umgesetzt. Auch, weil Theorie und Praxis in den bestehenden Strukturen so weit auseinanderliegen, dass ich das zwar für gut, aber nicht für umsetzbar halte. Die vorhandenen Strukturen, die sich lange bewährt haben, verhindern, dass sich in ihnen etwas Neues entfalten kann, und so entfaltet sich leider auch die versprochene Glaubenserziehung immer weniger.

Was aber erwarten wir an theologischem Unterscheidungsvermögen von den Eltern, sollten wir Segnung und Taufe einführen? Wir sind zwar eine individualisierte Gesellschaft, aber dennoch wollen viele Menschen das haben, was die anderen auch bekommen. Deswegen werden fast alle Kleinkinder getauft, was zumindest nicht schadet, vielleicht sogar nützt, und wenn nur beim Kindergartenplatz oder der kirchlichen Schule. Deswegen gehen fast alle Kinder zeitgleich im dritten Schuljahr zur Kommunion, weil wir das, worum es da geht – den Besuch der Sonntagsmesse – zwar nicht machen, aber wenn, dann wenigstens gemeinsam mit allen.

Für alle, die ihre Kinder bewusst und konsequent in die Kirche und den Glauben begleiten, gelten diese Aussagen selbstverständlich nicht. Sollten diese aber mit mir in derselben Welt leben, dann dürften Sie meinen Beobachtungen zumindest eine gewisse Realitätsnähe zubilligen. Wenn wir den Zugang zum Himmel – dem Himmel sei Dank – theologisch in den letzten Jahrzehnten erweitert haben und zum Beispiel nicht mehr mit dem Extra-Himmel der ungetauften Kinder agieren, sollten wir uns dann nicht auch fragen, ob wir um der Menschen und der Sakramente willen nicht von einem magischen Verständnis abrücken müssten? Magisch zum einen in dem Sinne, dass man nur als Getaufter in den Himmel kommt, nicht als Glaubender. Magisch zum anderen in dem Sinne, dass das Sakrament auch wirkt, selbst wenn man nicht daran glaubt.

Mich erinnert das ein bisschen an den dänischen Physiker Nils Bohr. Eines Tages bekam er Besuch. Über der Türe seines Ferienhauses hing ein Pferdehufeisen, das bekanntlich Glück bringen soll. Die erstaunte Frage, ob er als Naturwissenschaftler an so etwas glaube, beantwortete Bohr lapidar: »Man hat mir glaubhaft versichert, dass es auch dann wirkt, wenn man nicht daran glaubt!« Gilt das auch für unsere Sakramente?

Die Feier unserer Sakramente ist, wenn sie gut gestaltet wird, eindrücklich, ansprechend, sinnlich. Die Vorbereitung darauf ist in den meisten Gemeinden engagiert und informativ. Das Ergebnis wird jedoch leider in der Gesellschaft immer weniger formativ für das Leben. Ab und zu träume ich von der Möglichkeit, nicht nur Gemeinden zu fusionieren, sondern auch mal eine neue zu gründen. Eine, bei der Menschen nicht zu der Gemeinde gehören, weil sie da wohnen, sondern weil sie sich für diese Gemeinde entschieden haben. Dann halte ich es für möglich, eine den Menschen und ihren Bedürfnissen entsprechend gestufte Nähe zur Kirche zu entwickeln und sie nicht ausschließlich mit der Hochform zu konfrontieren (siehe das Kapitel *Auf dem Weg zur Entscheidungsgemeinde).* Das müssen wir hinbekommen, wenn wir uns nicht selbst abschaffen wollen oder abschaffen lassen. Und die Zeit drängt. Denn wie weit Menschen von dem, was wir glauben, entfernt sein können, zeigt das Beispiel meines Patensohns, der über mich als Pate mit einem Freund sprach. Der Freund darauf erstaunt: »Ich dachte, Paten gibt es nur im Zoo.«

»Wir lassen doch besser alles beim Alten« – das darf nicht am Ende stehen. Genauso wenig wie die fromme Einsicht: »Wir können nur säen, wachsen lässt ein anderer.« Dass wir nichts tun können, hieße, sich aus der eigenen Verantwortung zu stehlen. Alles weitermachen wie bisher und dafür einfach noch mehr hoffen, hieße, die Augen zu verschließen.

Als Kaplan im östlichen Münsterland lernte ich einige Bauernweisheiten kennen. So fragte mich ein Herr: »Herr Kaplan, ist Ihnen der Zwischentext zu dem Lied ›Wer nur den lieben Gott lässt walten‹ bekannt?« Um dann seine Kostprobe des etwas umgedichteten Textes zu geben:

»Wer nur den lieben Gott lässt walten – und kann nix,
und auf ihn hoffet alle Zeit – und tut nix,
den muss er wunderbar erhalten – sonst wird's nix.«

Oder es gibt die Geschichte von dem Pfarrer, der am erntereifen Feld vorbeikommt und zu dem Bauern sagt: »Ist das nicht wunderbar, was Gottes Gnade und Ihre Arbeit hier zustande gebracht haben?« Worauf der Bauer antwortete: »Herr Pfarrer, da hätten Sie aber mal sehen sollen, wie es aussah, als Gottes Gnade hier noch alleine gewirkt hat!«

Wirken wir mit der Gnade Gottes, aber lassen wir ihn auch nicht damit alleine, denn er hat die Verantwortung in unsere Hände gelegt!

Grandhotel Erstkommunion

Dreißig Jahre habe ich in verschiedenen Gemeinden die Kommunionvorbereitung begleitet, über zwanzig Mal davon als Hauptverantwortlicher, und konnte hautnah eine Entwicklung miterleben. Die Vorbereitungsmodelle und Katechesen haben sich verändert. Aber im Wesentlichen ist alles gleich geblieben. Mögen Himmel und Erde vergehen, die Erstkommunion bleibt bestehen. Die Kleiderfrage ist geblieben, von keiner Mode beeinflusst, die Termine sind geblieben, das dritte Schuljahr als Zeitpunkt ebenso. Aber die verlässlichste Konstante überhaupt in diesen dreißig Jahren ist, dass im Jahr nach der Vorbereitung auf die Teilnahme an der Sonntagsmesse die Gottesdienstbesucherzahlen abgenommen haben!

Eine Veränderung, eine kaum wahrnehmbare, aber wichtige, hat es auch gegeben. Zunächst war sie kaum zu bemerken, aber als aus der Erstkommunion unaufhaltsam eine Letztkommunion wurde, als alle Bemühungen um Nachhaltigkeit nicht fruchteten, als wir einsehen mussten, dass wir immer mehr Kinder und Familien nur auf einen Tag hin vorbereiten, da wurde die Hoffnung auf eine später aufgehende Saat gesetzt.

Als auch diese Hoffnung sich nicht erfüllen sollte, wurde die Reißleine gezogen und die Theologie geändert und es wurde gesagt: »Es ist gar nicht unser Ziel, dass die Kinder und Familien wiederkommen.« Wer in den Tagen und Wochen nach den Erstkommunionen Hauptamtliche auf Konferenzen hört, der gestehe ihnen diese Aussage zu als Selbstschutz vor der sonst drohenden Depression.

Man lege alle nur denkbaren pastoralen Aufgaben einer Gemeinde auf einen Tisch, setze alle Hauptamtlichen darum und lasse jeden reihum Themen wählen. Voraussichtlich bleibt die Vorbereitung auf die Hochform unseres Glaubens, die Kommunionvorbereitung, unter den drei letzten nicht gewählten Themen liegen.

In meiner »?Kurskorrektur!« habe ich auch unter diesem Eindruck stehend geschrieben:

Trotz des Versprechens der Eltern hinsichtlich der Erziehung im Glauben können die meisten Kinder bei der Kommunionvorbereitung weder Kreuzzeichen noch Vaterunser. Doch alle gehen jahrgangsweise zur Kommunion, mit der die meisten Familien weder vorher noch nachher etwas anfangen ... Mangels Alternativen einigen sich aber Fernstehende und Hauptamtliche darauf, einen Jahrgang lang – wenn die Kinder im dritten Schuljahr sind – so zu tun, als würde man sich gegenseitig glauben, was man sagt.

Die Lebenswirklichkeit der Menschen wahrzunehmen kann nicht heißen, die Bedeutung der Sakramente bis zur Belanglosigkeit herabzustufen, nur um alle zu befriedigen: die, die Fotos im Album haben wollen, und die, die ihren Kindern ihre eigene Glaubenspraxis näherbringen möchten. Alle Milieustudien werden ignoriert, wenn es an die Tradition geht, Ärger geben könnte oder mit Kirchenaustritt gedroht wird ... Die Glaubenspraxis der Menschen hat sich geändert, aber dass Kirche sich an dieser Stelle nicht verändern darf, da sind sich Fernstehende und Verantwortliche einig wie selten. Die einen wollen nicht die Tradition und die anderen nicht die Hoffnung aufgeben.

Was aber sind die Chancen der bisherigen Katechese, die es zweifelsohne gibt? Wir schreiben die Familien an und in dem Brief bräuchte kein Text zu stehen, nur: Erstkommunion ist dann ..., Elternabend ist dann ... – und die Menschen kommen. Es kommen auch die, die seit der Taufe nie mehr da waren und vielleicht schon ausgetreten sind; in meiner letzten Gemeinde waren das ein Viertel der Eltern. Zum einen kommen sie, weil ihren Kindern durch die Institution Kirche Werte vermittelt werden sollen. Das war stets die meistgenannte Begründung dafür, dass das eigene Kind auf die Kommunion vorbereitet werden soll. Was für ein hoher Stellenwert von Kirche bei vielen Menschen darin immer noch zum Ausdruck kommt! Und zum anderen geht es um das Fest, das sie selbst auch gefeiert haben und sich für ihr Kind wünschen. Feste rhythmisieren unser Jahr und unser Leben, weshalb dieser Wunsch nachvollziehbar ist. Wir brauchen Feste, an die wir uns erinnern.

Das eigentliche Thema der Erstkommunion und der meist geäußerte Wunsch der Wertevermittlung haben jedoch nur wenig Berührungspunkte. Die Mitte der Eucharistiefeier ist nicht Information, sondern Feier des Geheimnisses von Tod und Auferstehung Jesu. Die Entwicklung, die sich in den Jahrzehnten unmerklich vollzogen hat, ist fast tragisch zu nennen. Da das Geheimnis des Glaubens nicht mehr mitgefeiert wird, wurde es immer unverständlicher, ja geheimnisvoller. Umgekehrt wurde die Katechese immer informativer. Je mehr die Formung durch die Wiederholung wegfiel, desto stärker wurde das Bemühen, durch Information das vorhersehbare Defizit auszugleichen. An die Stelle der Feier am Sonntagvormittag trat die spielerische Unterrichtsstunde am Werktagnachmittag.

Welches Desaster das sein kann, habe ich selbst erlebt: Viele Kinder haben am Erstkommuniontag ihre erste Messe erlebt. Der herzlichen Einladung, wenigstens einmal im Monat zur Familienmesse zu kommen, kam nicht ein Drittel nach. Daher machten wir diese monatliche Familienmesse verpflichtend. Das Ergebnis war zwar eine etwas bessere Kenntnis des Feierverlaufs, aber eine merklich gesunkene Stimmung, und es kamen Sprüche wie: »Sie wissen schon, dass der Messbesuch stört! Früher musste man da doch auch nicht hin. Warum reichen denn nicht die Stunden am Nachmittag?« Und auch Kinder empfanden »Kirche mit Messe« als langweilig: »Wenn ich zur Kommunion gegangen bin, kann ich dann endlich wieder zu Hause bleiben oder muss ich dann immer noch kommen?« So hart es klingt, aber für manche war die Erstkommunion ein wirkliches Fest der Befreiung. Endlich konnte man wieder zu Hause bleiben. Selbst viele, die die Vorbereitung und das Fest wunderbar fanden, meinten anschließend in Wort und Tat, sie würden doch lieber nicht wiederkommen.

Warum diese Feier dennoch so wichtig ist, dafür wird gerne das Wort »Gemeinschaft« bemüht. Erleben Kinder denn keine Gemeinschaft in der Schulklasse, beim Sport, in der Musikschule, unter Freunden? Woher kommt das plötzliche Interesse an der Gemeinschaft mit gleichaltrigen Katholiken im dritten Schuljahr? Hier und da wird der Wunsch nach dieser Gemeinschaft sogar gut begründet, gehe es doch in der Schule inzwischen zu viel um Leistung, wie auch bei anderen Aktivitäten der Freizeitgestaltung. Da wäre eine leistungsungebundene Gemeinschaft eine wichtige Erfahrung. Absolut richtig und es trifft auch die Intention der Feier, die wir als Kommunion bezeichnen: Gemeinschaft ohne Leistung, unverdient, geschenkt.

Die Fragwürdigkeit der Argumentation wird jedoch deutlich an dem Tag, an dem man Teil dieser Gemeinschaft wird und sie umgehend wieder verlässt. So gesehen scheint es bald leichter zu sein, an die Gegenwart Christi im Brot zu glauben als an eine viel beschworene Gemeinschaft, die man nicht sieht und spürt.

Papst Franziskus hat, gewohnt markig, gesagt: »Ich sehe die Kirche wie ein Feldlazarett nach einer Schlacht.« Doch statt Lazarett am Wegrand sind wir in diesem Fall Grandhotel am Umweg. Nur noch eine kleine Gruppe wohnt in einem viel zu großen Gebäude, weshalb dieses oft auch muffig riecht und manchmal veraltet aussieht. Aber einmal im Jahr ist große Aufregung. Da wird der Tanzsaal gelüftet, geputzt und dekoriert, da gibt es Platzkarten und eine gedruckte Programmfolge, da herrscht allenthalben große Aufregung und wird die Auffahrt mit Fähnchen und die Fassade mit Fahnen geschmückt. Und dann kommen sie, die kleinen Gäste, für die all der große Aufwand betrieben wird. Sie sind angezogen, wie es sich für ein altehrwürdiges Grandhotel gehört: wie kleine Erwachsene in Kleidern und Anzügen. Sie strahlen, egal ob die Schuhe unbequem sind, die Krawatte eng, das Kleid unpraktisch und die Frisur zu aufwendig ist. Zweifelsohne wünschen sich manche Kinder und noch mehr Eltern diesen Aufzug. Ein Historienschinken kommt zur Aufführung und wer bietet da einen besseren Rahmen an als die Kirche? Da ist ohnehin alles von gestern oder vorgestern, und wer bietet einem sonst schon noch einen solchen traditionellen und schönen Rahmen? Doch dann wollen wir bitte wieder vernünftig sein und ins richtige Leben zurückkehren! Im richtigen Leben schauen wir uns dann später die Fotos dieses großen Tages gerne an. Aber wie gesagt: Das eine war die Erstkommunion und das andere ist das Leben.

Klimawandel in der Kirche – und wir können nichts tun?

Grandhotel also. Damit wollten die Verantwortlichen in der Gemeinde sich nicht einfach abfinden. Wir hatten im Team und im Pfarreirat erkannt, dass der Versuch einer veränderten Kommunionvorbereitung gescheitert war.

Woran wir das Scheitern festgemacht haben? Zunächst einmal haben wir akzeptiert, dass die Saat von vor dreißig oder mehr Jahren wohl nicht in unseren Tagen aufgeht. Doch wir sind nicht abgewichen von der Überzeugung, dass die Sakramente der Taufe, Firmung und Ehe auf Einmaligkeit angelegt sind und sich im Leben entfalten, die der Eucharistie und Beichte jedoch auf Wiederholung angelegt sind und ohne diese verkümmern. Das muss nicht wöchentlich sein, aber seltener als einmal im Jahr konnten wir uns nicht mehr schönreden. Eine qualifizierte Gemeindebefragung über mehrere Wochen am Sonntag brachte das Ergebnis, dass drei Prozent regelmäßig zur Messe kommen, vier Prozent bis zu einmal im Quartal und dreiundneunzig Prozent an keinem Sonntag im Jahr.

Nach wie vor aber folgten fast alle Eltern der Einladung zur Kommunionvorbereitung, also zur Vorbereitung der Teilnahme an der Sonntagsmesse. Sie wollten ihre Kinder mit Kirche in Verbindung bringen. Am liebsten sollte das durch das Team der Hauptamtlichen »gemacht« werden. Doppelverdiener und Alleinerziehende haben es heutzutage in der Tat schwer, Katecheten zu sein, und darauf gilt es Rücksicht zu nehmen. Auch fühlen sich immer mehr Eltern aufgrund der Distanz zur Kirche und ihren Vollzügen immer weniger in der Lage, Katechet zu werden. Trotzdem war allen eines klar: Es sollte ein großes Fest werden, die Erstkommunion!

Wir versuchten es also mit einem neuen Weg: Unter großem Zeit- und Personalaufwand boten wir katechetische Nachmittage an. Diese führten hin zu einem Fest der Tauferinnerung. Großer Einzug und alles, was zu einem Fest in der Kirche gehört. In diesem Wortgottesdienst überreichten die Paten ihrem Kind die Taufkerze, legten die Eltern ihm einen Taufschal um, legten die Paten die Hände auf die Schultern, die Eltern ihre auf den Kopf des Kindes und wurde dieses durch den Priester oder Diakon gesegnet. Die Kleiderfrage lag in der Hand der Familien und abgesehen vom Tauferinnerungsgottesdienst, der in zwei Gruppen am Samstagnachmittag oder Sonntag stattfand, musste niemand während der Vorbereitung am Sonntag in die Kirche kommen.

Nach diesem ersten Schritt, in dem Rücksicht genommen wurde auf die Wünsche der Eltern, d. h. Katechese für die Kinder – keine Sonntagsmesse –, aber ein großes Fest, wurden sie jetzt erneut eingeladen, mit ihrem Kind einen Schritt weiter in die Gemeinschaft zu gehen. Jetzt ging es ausdrücklich um die Kommunion, das Erlernen des Ritus und dessen, was wir in dieser Feier glauben. Wir waren erstaunt und erfreut, dass sich alle Familien auch zu diesem zweiten Schritt anmeldeten, obwohl von Januar bis Ostern der Ort der Katechese die wöchentliche Sonntagsmesse war. Trotz Anmeldung genau dafür war gleichzeitig das Unverständnis groß und die Diskussion hart, denn die Theorie der Messe könne man ja wohl auch in Gruppenstunden lernen. Diese Gruppenstunden seien außerdem so wichtig für das Gemeinschaftsgefühl der Kinder. Als zur Freude aller dann selbstverständlich die Möglichkeit von Gruppenstunden eingeräumt wurde, diese jedoch nicht als Ersatz für den Messbesuch galten, engagierte sich niemand mehr für die gerade noch so wichtigen Gruppenstunden.

Theoretisch sind sie wichtig, aber praktisch sollten sie ein Ersatz für den Messbesuch sein. Nur genau das funktioniert nicht. Wer schwimmen lernen will, der kann Wasser trinken, Bilder vom Wasser malen und Geschichten darüber hören, so viel und so lange er will. Schwimmen kann er deshalb immer noch nicht. Wer schwimmen lernen will, der muss ins Schwimmbad kommen, und nicht der Bademeister ist dann schuld daran, dass man nass wird. Das hat nichts mit pastoralem Übereifer zu tun, sondern ist schlichtweg notwendig. Manches verstehen wir erst durch Wiederholung. Dasselbe gilt für die Kommunionvorbereitung als Hinführung zur Teilnahme an der Sonntagsmesse.

Im Normalfall vieler Gemeinden gibt es die Erstkommunion zu festgelegten Wochenenden, an denen der Rest der Gemeinde das Weite sucht. Wir ließen den Familien die freie Wahl der Sonntage zwischen Gründonnerstag und Christi Himmelfahrt. Einige Eltern waren der Meinung, nur in der Großgruppe könne ihr Kind besser verstehen, wie wichtig das Fest sei, weshalb sich viele der Familien auf einen Termin einigten. Andere sprachen sich mit dem Freundeskreis ihres Kindes ab und gingen dann mit drei, fünf, acht oder zwölf Kindern zusammen. Alle bekamen reservierte Plätze, wurden der Gemeinde vorgestellt, in den Fürbitten erwähnt, durften diese selbst schreiben und vortragen und selbstverständlich auch Liedwünsche äußern. Mit den Eltern und Paten standen sie zur Kommunion um den Altar. Der Dankgottesdienst war am Sonntag nach Christi Himmelfahrt, nachdem alle zur Erstkommunion gegangen waren. Dazu kam gerade noch knapp die Hälfte – es war ja wieder ein Sonntag.

Woran war das Modell letztlich gescheitert, obwohl es den Wünschen der Familien exakt entsprach und den Sinn des Sakramentes betonte? Tauferinnerung kannte niemand und bei allen Wünschen nach Veränderung in der Kirche – es musste Erstkommunion auf der Einladung stehen, es musste das Traditionelle sein. Ehrlichkeit bei Form und Inhalt sowie mögliche Alternativen haben nur eine Chance, wenn so etwas von vielen Gemeinden übernommen wird, sonst gibt's die bekannten Totschlagargumente: »Die anderen machen das doch auch nicht so!« – »Sie nehmen unseren Kindern dieses Fest!«

Nach diesen Erfahrungen würde ich heute folgendes Modell anbieten: In einer Stunde wird den Kindern die Messe erklärt, in einer weiteren Stunde wird die Feier geübt und am Sonntag gibt es das Fest. Im Anschluss daran sind alle eingeladen, die Katechese als Nachbereitung anstelle von Vorbereitung in Form von Gruppenstunden, Nachmittagen und dem Besuch der Sonntagsmesse zu machen. Haupt- und ehrenamtliche Katecheten, denen ich dieses Modell auf verschiedenen Tagungen vorgestellt habe, schätzen die Teilnehmerzahl auf einhundert Prozent bei der Feier und zwischen zwanzig und null Prozent bei der anschließenden Katechese. Die theologisch gerne ins Feld geführte Bedingungslosigkeit bei der Spendung der Sakramente wäre in diesem Modell am ehesten gewährleistet. So könnten alle Beteiligten zeigen, was ihnen wichtig ist an Fest, Inhalt, Wertevermittlung und Gemeinschaft. Solange wir aber die traditionelle Form von Kirche leben und erleben, sollten wir nicht davon sprechen, dass die Zeit der Volkskirche vorbei ist. Mit hohem Aufwand halten viele Hauptamtliche, Familien und sogar Ausgetretene daran fest.

Wir sind Zeugen eines Klimawandels, durch den sich die Bodenbeschaffenheit verändert hat. Unser Saatgut, die Botschaft des Evangeliums und hier konkret die Einladung zur Feier von Tod und Auferstehung Jesu, können wir nicht verändern, wohl aber unser Säverhalten. Die Ernte wird von Jahr zu Jahr schlechter, aber wir müssen auch nicht davon leben, denn der Sack mit dem Saatgut wird nicht leer. Aber was ist mit dem biblischen Sämann, dem einiges unter die Dornen, auf den Weg und auf schlechten Boden fiel (Mt 13,1–9)? Dieser Sämann ging nicht von vorneherein davon aus, dass das meiste unter die Dornen oder auf den Weg fallen wird, denn er musste wohl von dem Ertrag leben.

Auf unserer Speisekarte ist aber auch, und davon bin ich überzeugt, für die in der Gesellschaft, die sich für unser Saatgut interessieren, eine zu geringe Auswahl. Im Schlusskapitel greife ich diesen Gedanken noch einmal auf und versuche, das Angebot zu vergrößern.

Selbstverständlich gab es auch Familien, die diese Veränderung begrüßten. Ein Vater sagte nach dem ersten Elternabend, er sei ohne Hoffnung gekommen, dass sich in der Kirche etwas ändere, und sei angenehm überrascht. Übrigens einer, der später mit seinen Kindern wiederkam.

Was mir sicherlich in allen Jahren zur Freude gereichte, war die Tatsache, dass sich ein Viertel bis ein Drittel der Kinder anschließend für die Messdienergruppe meldete. Die engagierte Arbeit der Gruppenleiter unter der Organisation eines begeisterungsfähigen Pastoralreferenten haben dazu ihren entscheidenden Beitrag geleistet.

Dieses Konzept wurde im Seelsorgeteam und Pfarreirat lange kontrovers diskutiert und immer wieder verbessert. Dass seine Umsetzung in der Gemeinde überhaupt möglich wurde, war das Ergebnis von kreativen und sehr selbstbewussten Gremien.

Trotz vieler schöner Erlebnisse, gerade auch mit den Kindern, überwog am Ende jedoch meine Enttäuschung. 3,5 Prozent Gottesdienstbesuch am Sonntag bei 98 Prozent Kindern und Familien, die auf die Teilnahme an dieser Feier vorbereitet wurden, schaffen eine Diskrepanz, die ich mir nicht mehr schönzureden vermochte. Ich habe mich immer wieder gefragt, was wohl ein Kind später von seinen Eltern und mir denken muss, wenn es mitbekommt, dass die größten Feste der Kindheit mit Versprechen verbunden waren, die nicht gehalten wurden. Auf der einen Seite bin ich erleichtert, dass Kinder dies nicht merken. Doch auf der anderen Seite erlebe ich eben auch, dass sie es später als Eltern bei ihren Kindern oft so halten, wie ihre Eltern es bei ihnen gemacht haben.

Hausgemachte Enttäuschungen

Viele Modelle sind für die Firmvorbereitung entwickelt worden, wurden kopiert oder modifiziert. Nach meiner Erfahrung lassen sich Firmlinge in drei Gruppen einteilen: die, die sich begeistern lassen, die mitlaufen und die möglichst viele Termine zu schwänzen versuchen. Außerdem ist es meist so, dass danach kaum jemand in der Gemeinde mitmachte, der nicht auch vorher schon dabei war, geschweige denn am Sonntag den Gottesdienst mitfeierte. Meine ersten Firmvorbereitungen als Kaplan und junger Pfarrer wurden mitgetragen von absolut tollen Katecheten. Sicher war bei mir damals der Wunsch vorhanden, die Jugendlichen auch zum Messbesuch zu führen. Welch eine unnütze Verschwendung von Nerven, bei mir und bei den Jugendlichen. Doch am Ende mussten auch wir sagen: »Nach der Firmung sieht man die nie mehr in der Kirche!«

Viel Enttäuschung spricht aus diesen Worten. Aber wir wurden nicht getäuscht, wir haben uns selber getäuscht. Das Ziel der Firmvorbereitung ist nicht die Hinführung zur Teilnahme an der Sonntagsmesse. Aber mit kreativen Ideen, guten Katecheten und Nervenstärke, jungen Menschen in einer schwierigen Phase ihres Lebens eine Orientierung zu geben aus dem Evangelium und dem Leben der Kirche, das ist eine herausfordernde und zutiefst sinnvolle Aufgabe. Hier und da dürfen auch etwas Theologie, Glaubensbekenntnis, Heiliger Geist miteinfließen, denn bei manchen sind dafür der Nährboden und das Interesse vorhanden. Solange sich junge Menschen anmelden, ob freiwillig, gedrängt durch die Eltern oder gelockt mit Geschenk der Großeltern, ist es Chance und Pflicht, ihnen auf ihrem Lebensweg zur Seite zu stehen. Nur, warum müssen wir so fixiert darauf sein, dass am Ende die Jugendlichen auch in der Messe aufkreuzen, oder besser: nicht aufkreuzen? Für mich ist die Mitfeier der Eucharistie ein Höhepunkt in meiner Glaubenspraxis, keine Frage. Und ich würde mir wünschen, dass Erstkommunionkinder und Firmlinge nach der Vorbereitung auch Kirchgänger werden. Sind sie aber nicht. Deshalb habe ich akzeptieren müssen und können, dass dies bei der Mehrzahl der Katholiken nicht so ist. Und Sie dürfen mir glauben, ich habe mich wirklich redlich darum bemüht, es möge anders sein.

Dann stehen diese Jugendlichen vor dem Bischof, der ihnen das Sakrament der Firmung spenden wird. An keiner Stelle werden sie dabei gefragt, ob sie auch versprechen, sonntags zur Messe zu kommen – genauso wenig wie das bei der Taufe oder Trauung Thema ist. All diese Jugendlichen sind auch vor Jahren auf die Kommunion vorbereitet worden. Bei einem großen Teil war dies wohl das letzte Mal, dass sie zur Kommunion gegangen sind. Jetzt stehen sie mit ihrer Familie wieder in der Kirche. Ist das Ganze im mitgestalteten Wortgottesdienst hoffentlich gut gegangen, konnte man doch Texte und Lieder aussuchen, wird es ab der Gabenbereitung schwer für die meisten. Ein fremder Ritus mit ungewohnten Haltungen und eigenartig formulierten Texten nimmt Fahrt auf. Ein Fremdkörper im Leben der meisten Teilnehmer, so trocken und spröde wie das Stück Brot, das man am Ende in Händen hält.

Taufe, Trauung, Krankensalbung sind Sakramente, die sowohl in Verbindung mit einer Messe als auch ohne diese gefeiert werden können. Warum nicht auch die Firmung? Wo ein Großteil der Mitfeiernden in der Lage ist, dies zu tun, sollte man das keineswegs trennen. Aber mein Eindruck ist, dass die meisten Menschen bei dieser Feier schlichtweg überfordert sind und wir ihnen so nicht gerecht werden. Wäre eine Dankmesse mit denjenigen, die nach der Firmung noch zu einer solchen kämen, nicht eine denkbare Alternative?

Zwei Erlebnisse aus der Firmvorbereitung möchte ich an dieser Stelle erwähnen.

Ich bekam den Anruf einer Mutter, ihre Tochter wolle zur Firmung und sie seien gerade erst zugezogen. Ich bespreche so etwas lieber persönlich und lud sie ein, mich am Sonntag nach der Messe doch anzusprechen und wir könnten die weiteren Schritte überlegen, denn fünfzig Prozent der Vorbereitung war schon gelaufen. So wollten wir es machen. Am Sonntag kamen Mutter und Tochter zum Schlusssegen in die Kirche und folgten mir in die Sakristei. Nachdem schon die Hälfte des Firmkurses gelaufen sei, hätte ich es als positives Zeichen gewertet, wenn sie wenigstens zur Messe gekommen wären und nicht erst zu deren Ende. Ich schlug vor, dass eine Teilnahme an der Katechese im kommenden Jahr doch sinnvoller sei. Was wirklich geschehen war, erfuhr ich später, waren doch beide statt in der katholischen Kirche in der benachbarten evangelischen zum Gottesdienst gewesen. Im Anschluss an den evangelischen Gottesdienst sprachen sie die Pastorin an und erkundigten sich nach deren Mann, mit dem sie einen Termin hätten. Als das Missverständnis sich aufgeklärt hatte, schickte die Pastorin sie zu mir rüber, woraus sich die Verspätung erklärte, deren Grund sie mir aber besser verschwiegen. Wer mag es ihnen verdenken?

Ein anderes Mal war ich mit den Firmlingen zum Gottesdienst der geistlichen Gemeinschaft »Neu Jerusalem« gewesen. Danach kamen zwei Jungen und meinten tief beeindruckt: »Wenn die sich im Gottesdienst verneigt haben, dann konnte man sehen, vor wem sie dies getan haben, dass die wirklich an Gott glauben.« Manchmal sind es die kleinen und unerwarteten Dinge, die etwas in Menschen bewegen. Für die Jungen war es die Haltung der Schwestern und Brüder dieser Gemeinschaft, für mich der Umstand, dass sie mir dies so sagten.

Liebe macht blind

In dreißig Dienstjahren kann ich auf etwa 450 Trauungen zurückblicken und darf sagen: Was sich da vor meinem geistigen Auge ausbreitet, ist ausgesprochen schön. Ich gehörte nicht zu denen, die im Herbst nach der Hochzeitssaison ein Klagelied anstimmen konnten. Die Priester, die über den Aufwand bei Hochzeiten klagen, sollten vielleicht einmal das Fotoalbum ihrer Priesterweihe und Primiz ansehen. Auch manche Pfarreinführung stellt die Hochzeit des Jahres in den Schatten angesichts des betriebenen Aufwandes.

Alle Hochzeitspaare wollen das Eine: ein schönes Fest. Wir vom Bodenpersonal und natürlich auch die Gäste und wer sonst noch so dazugehört sollten alles dafür tun, dass das klappt. Es ist jedoch ein schwieriges Unterfangen geworden, bei all den heute möglichen Kombinationen von Konfessionen, Religionen sowie Nähe und Distanz zur Kirche die für das Paar richtige Form zu finden. Konkrete Vorstellungen über den Ablauf und die Wünsche der Fotografen kollidieren nicht selten mit dem, worum es in der Feier geht. Die Kenntnisse religiöser Lieder schwinden und die Wünsche nach weltlichen Songs steigen. Manche Trauungen sind zutiefst ergreifend und es gibt eben auch die haarsträubenden Geschichten, die sich nach einigen Jahren Praxis erzählen lassen. Dort prostet der Bräutigam der Gesellschaft bei der Kelchkommunion mit einem lauten »Prost!« fröhlich zu. Hier liegt der Fotograf auf dem Boden, um den Ringtausch von unten zu fotografieren. Wieder ein anderes Mal bindet man dem Hündchen das Ringkissen auf den

Rücken, damit es die Ringe zum Altar bringt. Unkenntnis, Engagement im Beruf, Liebe zum Haustier – alles verständlich. Aber es bleibt eben ein Gottesdienst, den wir feiern, und mit dem ist nicht alles kompatibel!

Vier Hochzeiten, die ich innerhalb eines Monates gefeiert habe, zeigen in etwa die Bandbreite der Möglichkeiten auf, mit denen wir es heute zu tun haben. Bei einem Paar gehörte ein Partner der evangelischen Kirche an, beide kamen auch mal sonntags zur Messe und wollten gerne in dieser Form ihre Hochzeit feiern. In diesem Falle wurde es so gehandhabt und die anwesenden Gäste vorher kurz über diese Feierform in Kenntnis gesetzt, d. h. den Ablauf einer Eucharistiefeier und was es heißt, in dieser die Kommunion zu empfangen. Das Paar der zweiten Trauung kam sogar jeden Sonntag zur Messe. Die Frau war jedoch ungetauft, weshalb die Form eines Wortgottesdienstes gewählt wurde. Genauso machten wir es beim dritten Paar, Mann und Frau ebenfalls unterschiedlicher Konfession. Allerdings hatten beide eine Kirche von innen zuletzt vor vielen Jahren gesehen. Das vierte Paar war nun katholisch und sie waren so ehrlich zu sagen, dass sie nie zur Messe gehen. Ein Wortgottesdienst würde ihnen und ihren Gästen sicher am ehesten entsprechen. Respekt für diese Ehrlichkeit!

Im Vorfeld sprach ich natürlich immer mit den Paaren darüber, welche Form der Feier für sie die geeignetste sein könnte. Weil sie sich lieben und sich erhoffen, dass es bis in alle Ewigkeit halten wird, deshalb möchten sie eine Zeremonie in Anspruch nehmen, in der sie sich ihre Liebe und Treue versprechen. Die meisten versprechen einem bei der Aufnahme des Trauprotokolls alles, was sie gefragt werden, und man tut gut daran, ihnen Glauben zu schenken.

In Priesterkreisen kursiert hinsichtlich der Feierform die Formulierung: »Wollen Sie für Ihre Hochzeit eine stille Messe oder einen feierlichen Wortgottesdienst?« Dahinter steckt die Erwartung, dass viele Paare sich für »feierlich« statt »still« entscheiden, da sie nicht mehr wissen, was eine Messe von einem Wortgottesdienst unterscheidet. Ich finde das nicht richtig, denn man spielt mit der Unwissenheit des Paares. Man nimmt ihm die Möglichkeit, sich ehrlich und selbstbestimmt zu entscheiden wie die oben erwähnten Paare. Ich habe daher immer versucht, eine Verbindung herzustellen zwischen der Glaubenspraxis des Paares und den möglichen Feierformen. Jedoch nicht in dem Sinne, dass ich die beiden ausgehorcht und dann bestimmt hätte, welche Form für sie würdig und angemessen wäre. Eine Messe kann und muss man sich nicht verdienen. Das, was gefeiert wird, bekommen wir von Gott geschenkt.

Dennoch bleibt die Frage, ob man nicht wenigstens etwas von dem »verstehen« muss, was man da in der Messe feiert. Doch wer kann schon verstehen, was Gott in Jesus Christus für uns getan hat? Verstehe ich das nach drei Jahrzehnten im Priesteramt? Ich bin mir da jedenfalls nicht so sicher. »Verstehen« trifft es also nicht. Aber »kennen«, kennen sollte man die Messe schon. Das Brautpaar – und sicher auch viele der Gäste – hat womöglich keinen Plan, wann man steht, sitzt, kniet, wie das Vaterunser geht und was man mit der Hostie macht, nachdem man sie in Händen hält. Ich habe so etwas anfänglich oft genug erlebt. Ein Priester meinte nach einer Hochzeit, in der die Gesellschaft gänzlich überfordert war mit der Form, das Paar hätte sich eben eine Messe gewünscht und deshalb auch eine bekommen. Ich habe mich dabei an ein Freibad erinnert: Wir sollten den Menschen eine Hilfestellung geben und sie nicht als sakramentale Nichtschwimmer vom Zehnmeterturm springen lassen und uns dann wundern, dass die meisten am Ende ertrunken sind. Mir geht es dabei nicht um sakralen Protektionismus oder darum, die Messe zu schützen, sondern um die Verantwortung dem Paar, seinen Gästen und dem besonderen Tag gegenüber.

Ein geschätzter Mitbruder hat vor einigen Jahren mit der Entscheidung, eine Hochzeitsmesse nach dem Wortgottesdienst und der Trauung abzubrechen, also den eucharistischen Teil nicht zu zelebrieren, für viel Aufsehen gesorgt. Das Paar wollte die Trauung im Rahmen einer Messe feiern. Doch nach kürzester Zeit sei deutlich geworden, dass weder das Paar noch die Gäste dazu in der Lage waren. Der Ablauf und die Antworten waren kaum einem der Anwesenden noch bekannt. Es ist natürlich ein Ding der Unmöglichkeit, einen solchen Tag im Leben eines Paares mit dieser Entscheidung nachhaltig zu belasten. In welcher Form die Feier stattfindet, muss vorher mit dem Paar geklärt werden. Dennoch habe ich dem Mitbruder auch zu der Entscheidung gratuliert, denn ein Priester, der sich nicht in der Lage sieht, das Geheimnis unseres Glaubens nur der Form halber zu feiern, hat meinen Respekt.

Das Mitsingen und Antworten eines jungen Mannes bei einer Hochzeit (2016) hatte übrigens ein interessantes Nachspiel, das durch die Presse ging. Da er wohl der Einzige war, der die Liturgie aktiv mitfeiern konnte, kam nachher ein junges Paar zu ihm und bot ihm Geld, wenn er zu ihrer Hochzeit käme und auch dort Mitsingen und die Antworten geben könnte. Ihre Gesellschaft wäre dazu nicht in der Lage und es wäre doch etwas peinlich, wenn niemand mehr antworten könne. Das Paar hat recht. Eine ehrliche Aussprache mit dem Geistlichen, der die Hochzeit zelebrieren wird, könnte im Vorfeld einiges klären und am Tag selber manche Peinlichkeit vermeiden. In den letzten Jahren bin ich vermehrt dazu übergegangen, mit der Hochzeitsgesellschaft ein Lied zu üben und sie so auf die Feier einzustimmen.

Es geht übrigens auch anders. Da kam ein junges Paar, das im Studium zur Glaubenspraxis gefunden hatte. Die beiden erzählten mir davon und auch, dass der Rest ihrer Familien zwar die Hochzeit mitfeiern könne, nicht jedoch eine Messe. Darüber hinaus wäre ihnen die Kommunion zu wichtig, als dass sie diese bei ihrer Hochzeit an alle verteilt wüssten, ohne dass die Empfangenden damit etwas anfangen könnten. Umgekehrt wollten sie selbst nicht auf die Kommunion verzichten, gehöre sie doch elementar zu ihrem Glaubensleben. Den Rest der Familie in der Feier von der Teilnahme auszuschließen ginge jedoch auch nicht. Die Lösung war eigentlich ganz einfach: Die Trauung wurde als Wortgottesdienst gefeiert und das Paar ging dann am Sonntag, nachdem die Gäste abgereist waren, bei einer Abendmesse zur Kommunion. Für sie der perfekte Abschluss ihrer Hochzeitsfeier. Für mich ein Beispiel, dass es geht. Man muss halt am Anfang ehrlich und am Ende kreativ und offen sein.

Alt, weise – wichtig

Krone, Weihrauch und vielleicht noch ein Stern, oder so ähnlich. Die drei Könige gibt es in zig Varianten, immer das gleiche Thema, Nuancen anders. Eines aber verbindet all diese Versionen: Maria hält das Kind, Josef steht daneben oder dahinter und die drei Weisen nähern sich. Da sie nicht alle gleichzeitig vor dem Kind knien können, das gäbe ja ein unwürdiges Gedränge, sind die Künstler hingegangen und haben jedem nicht nur einen Ort im Geschehen zugewiesen, sondern auch eine besondere Erscheinung und dadurch eine wunderbare Bildpredigt über die Lebensalter und ihre Aufgaben uns vor Augen gestellt.

Der junge König ist derjenige, der am weitesten von der Szene entfernt steht. Ganz besonders gelungen ist es, wenn man diesen jungen Mann sogar einen Moment lang suchen muss. Wo ist er? Was macht er? Klar, er steht bei den Kamelen und Pferden! Und warum? Weil junge Menschen sich nun einmal dafür interessieren. Heute würden da Autos stehen oder Motorräder. Und wofür interessiert sich der junge König eher kaum? Für Eltern mit einem Baby.

Der mittelalte König hat sich dem Geschehen um Mutter und Kind zugewandt. Er steht, hat eine Krone auf dem Kopf und hält mit beiden Händen sein Geschenk. Es gab eine Sparkassenwerbung, in der zwei Männer mit ihrem Erfolg konkurrieren: »Mein Haus, mein Auto, mein Boot!« Das waren Männer in den besten Jahren. Wären sie Anfang zwanzig gewesen, die Werbung hätte nicht funktioniert. Jeder hätte gewusst, dass die beiden sich diese Dinge nicht verdient, sondern sie bestenfalls geerbt haben. Der zweite König hier ist im gleichen Alter wie die Haus-Auto-Boot-Machos, aber im Gegensatz zu denen überhaupt kein Angeber. Es ist die Aufgabe seiner Generation, die Herrschaft (Krone) auszuüben und die Arbeit (Geschenk) zu machen. Darauf muss er sich fokussieren, der Rest steht einmal hinten an. Denn welchen Eindruck bekäme man von diesem Mann, würde er zum jungen König bei Pferd und Kamel blicken? Da trauert einer der vergangenen Jugend nach! Es gibt nicht wenige Männer und Frauen, die diese Blickrichtung haben. Auf den Bildern aber schaut dieser König sich eine andere Szene an, nämlich den alten König. Dieser kniet. Ausgerechnet der von den dreien, dem das Knien am schwersten fällt. Sein Geschenk hat er irgendwo auf der Seite abgestellt. Es ist immer noch schön, aber nicht mehr wichtig. Auch die Krone hat er abgenommen. Seine Stärke ist nicht mehr Macht, sondern Erkenntnis. Er hat in diesem Kind seinen Erlöser erkannt, den wahren König dieser Welt, vor dem er auf die Knie geht, um ihm im nächsten Moment den winzigen Fuß zu küssen. Das ist es, was der mittelalte König mit Skepsis betrachtet: So soll seine Zukunft aussehen?

Vertauschen wir vor unserem geistigen Auge die Plätze der Könige und wir werden feststellen: Jeder hat den richtigen Platz da, wo die Künstler und das Leben sie uns zeigen. Und jeder Platz besitzt seinen eigenen Reiz. Bei Jugend, Pferd und Kamel fällt er am leichtesten ins Auge. Wer nimmt schon gerne Abschied von dieser Lebenszeit? Manche tun alles, um sie zu verlängern. Man will die kurzen Hosen nicht ausziehen oder unter Messer und Spritzen wird der verlorenen Jugend nachgeweint. Kinder wollen älter sein, als sie sind – Jugend will so alt sein, wie sie ist –, und das Alter freut sich, wenn man es für jünger hält.

Der Vorteil der Jugend ist leicht zu erkennen, nicht nur an Pferden und Kamelen: Das ganze Leben liegt noch vor ihr. Der Vorteil der sogenannten »besten Jahre« ist auch noch nachvollziehbar in Macht und Besitz. Was aber sollte der Vorteil des Alters sein?

Am 2. Februar feiern wir das Fest der Darstellung des Herrn (Mariae Lichtmess); dabei lesen wir das Evangelium der greisen Simeon und Hanna (Lk 2,21–40). Die Kinder in diesen Messen habe ich gefragt, ob sie wüssten, was denn »Greise« seien. Niemand wusste es, da es kein Wort aus dem Sprachschatz von Kindern ist. Also habe ich in die Kirche gefragt, ob denn Greise anwesend seien? Niemand meldete sich, auch die Älteren unter uns nicht. Den Kindern sagte ich dann das schöne Sprichwort: »Greise sind weise«! Und dass es sich also um Menschen handele, die viel erlebt hätten. Tatsächlich glaube ich, dass man weise nicht durch viele Bücher, Ausbildungen, Studien wird; nein, weise wird man durch viele Jahre, die man aufmerksam und achtsam gelebt hat. Also noch einmal die Frage in der Kirche: »Sind Weise unter uns?« Und plötzlich meldeten sich welche. Das ist der Vorteil des alte Königs: Er ist auf unseren Bildern eigentlich der einzig wirkliche Weise, denn es bedarf der Weisheit vieler Jahre, um das loszulassen, was man sich mühsam erarbeitet hat, um sein Knie vor einem Kind zu beugen und ihm den Fuß zu küssen, egal was andere von einem denken. Wir sprechen zwar von den drei Weisen aus dem Morgenland. Wirklich weise ist wohl nur einer und muss auch nur einer von diesen sein, nämlich der älteste.

Wenn ich Gäste habe oder auswärts zum Essen bin, merke ich, dass ich mir einen Ruck geben muss, ein Tischgebet zu sprechen. Ein kleines Glaubenszeugnis und ein zerbrechliches dazu. Manchmal höre ich: »Wenn unsere Enkel da sind, dann beten wir nicht bei Tisch, da die das zu Hause auch nicht machen.« Oder: »Herr Pastor, am letzten Wochenende waren wir nicht in der Messe, da unsere Enkelkinder zu Besuch waren.« Da sind König und Königin (Großeltern) zwar alt, aber noch nicht weise geworden. Denn wenn der junge König (Enkel) einen dabei beobachten könnte, wie man vor seinem Schöpfer kniet, was könnte der dann vielleicht denken? Das Glaubenszeugnis der Großeltern ist eines der überzeugendsten überhaupt. Ich freue mich über Menschen jeden Alters, die zum Gottesdienst kommen. Vermissen tue ich aber hauptsächlich die Alten, sind doch die Jungen und die Mittelalten oft mit anderen Sachen beschäftigt. Natürlich, es kommen hauptsächlich ältere und alte Menschen zum Gottesdienst, aber wenn alle Alten kämen, die kommen könnten, dann wären die Kirchen zum Bersten voll. Frage sich jede Generation, ob sie die Aufgabe erfüllt, die von ihr im ungeschriebenen Generationenvertrag erwartet wird. Wenn die älteste Generation ihre Aufgabe nicht erfüllt, dann ist das vielleicht tragischer, als wenn es die anderen nicht tun, denn sie könnte weise geworden sein und um die wahren Werte des Lebens wissen.

»Alt werden ist nicht schön« war ein oft gehörter Satz von einer lieben Tante. Wie man weise alt wird, hat sie uns trotzdem beigebracht. Mit 80 gab sie ihren Führerschein ab, was sie besser viel früher getan hätte, war doch eine Fahrt mit ihr ein echtes Abenteuer. Mit 88 musste sie raus aus ihrer geliebten Dachgeschosswohnung und fragte uns, ob sie sich noch was von den Möbeln ausleihen dürfe fürs Altenheim. Das alles würde doch schon lange nicht mehr ihr gehören und sie hätte davon schon längst Abschied genommen. Wir guckten erstaunt und waren dann noch erstaunter: Hinter jedem Möbelstück stand seit vielen Jahren der Name dessen, der es erben sollte. Wenn wir darüber sprachen, wohin es für sie nach dem Altenheim gehen werde, antwortete sie: »Dann ziehe ich nach Melaten. Da habe ich ein Grundstück.« Melaten ist der Kölner Zentralfriedhof. Vorher wollte sie aber noch neunzig werden. Wurde sie auch. Und zwei Wochen später zog sie wirklich nach Melaten.

Wir brauchen für unser Leben, auch unser geistliches, Lehrmeister. Davon haben wir oft auch welche – aber wir brauchen eben auch Lebenmeister. Wie meine alte Tante. Oder den alten, weisen König. Das Vorbild der Alten – ich freue mich immer, wenn ich es sehe, aber ich vermisse es auch oft.

Chefetage, Mitarbeiter, Kunden

Im Bistum Münster gab es den Weihbischof Dr. Max-Georg Freiherr von Twickel, er begegnete mir als Diakon im Oldenburger Land. Dieser Weihbischof aus altem Adel, geboren auf einem wundervollen Wasserschloss, war ein passionierter Radfahrer und kam gerne per Fahrrad zur Firmung. Er auf dem Sattel, Stab und Mitra im Koffer auf dem Gepäckträger. Nicht alle waren davon begeistert. Wie konnte man Firmlingen vermitteln, was ein Bischof ist, wenn dieser so daherkam?

Wie prunkvoll war da doch der Auftritt eines anderen adeligen Bischofs in Münster. Man schaue sich nur die Bilder an, wie Clemens August Kardinal Graf von Galen 1946 nach der Erhebung zum Kardinal in Münster empfangen wurde. Noch heute erzählen die alten Münsteraner, dass man aufgrund der Kriegszerstörungen vom Bahnhof bis zum Dom sehen konnte. Vor diesem zerstörten Dom in der zerbombten Stadt stand der neue Kardinal in seinen Gewändern, mit langer Schleppe aus geflammter Seide und einem Kragen aus Hermelin. Damals empfanden die Menschen dies weder als merkwürdig noch als Diskrepanz. In Köln hieß es nach dem Domjubiläum 1948, bei dem die goldenen Schreine der Heiligen durch die zerstörte Stadt gefahren wurden: »Noch so ein Fest und wir sind gerettet.« Mit solchen Bildern wurde auch die Sehnsucht der Menschen nach Schönheit und Fest befriedigt, die Hilde Domin so treffend zum Ausdruck brachte: »Wir essen Brot, aber wir leben vom Glanz.«

Trotzdem kann man froh sein, dass selbst die Päpste sich Schritt für Schritt von gewissem Pomp verabschiedeten. Papst Paul VI. legte die Tiara, die dreifache Krone ab. Auch Pfauenwedel und der Tragesessel, die Sedia gestatoria, wurden ins Museum gestellt. Als Papst Benedikt XVI. wegen der kalten Witterung bei einer Generalaudienz auf dem Petersplatz den Camauro aufsetzte, eine pelzumrandete Samtkappe, kommentierte die Presse begeistert, allerdings nicht korrekt: »Papst verkleidet sich als Weihnachtsmann.«

Als es in unserem Priesterrat einmal um den Rat an den Bischof ging, das Verleihen von Prälatentiteln doch zu beenden, da habe ich mir den Spaß gemacht und mich aktiv dagegen ausgesprochen mit der Begründung, dass ich als Rheinländer grundsätzlich und immer für das Verkleiden bin. Ich hatte nicht ernsthaft erwartet, mit diesem Argument andere umzustimmen, und gehörte zur kleinen Gruppe der Überstimmten. Persönlich kann ich mich an vielen Bildern, die wir über die Jahrhunderte entwickelt haben, erfreuen. Wir sollten aber nicht vergessen, wie das heutzutage aber auch wirken kann.

Wir erleben eine Ungleichzeitigkeit, wobei ich nur von den möglichen Reaktionen in unseren Breiten spreche. Unsere Welt braucht auch ihren Glanz und die katholische Kirche ist gerade mit ihrer Tradition und in ihrer Liturgie in der Lage, der Welt und dem Leben der Menschen einen unvergleichlichen Glanz zu verleihen. Aber der Grat, auf dem wir uns bewegen, ist schmal. Wann kippt das Bemühen um den Glanz, der ein Verweis auf etwas anderes sein will, und wird zu einem katholischen Kostümfest, einem Historienspektakel?

Ein Bischof wollte vor der Firmung mit den Jugendlichen ein freundliches und gut gemeintes Gespräch führen und ermunterte sie, ihn doch einfach alles zu fragen, was sie immer schon einen Bischof fragen wollten. Das Gespräch wollte nicht in Gang kommen und er meinte: »Ich bin doch einer von euch. Ihr könnt mich alles fragen.« Daraufhin erwiderte einer der erwachsenen Firmbegleiter: »Herr Bischof, solange Sie so aussehen und in einem solchen Auto mit Chauffeur vorgefahren kommen, sind Sie keiner von uns.«

Worüber berichteten die Medien nach der Wahl von Papst Franziskus? Über Schuhe, Brille, Auto, Zimmer im Gästehaus des Vatikans, Metrofahrten in Buenos Aires. Irgendwann dann auch über das, was dieser Papst sagt. Papst Benedikt XVI. ist sicher ein ebenso bescheidener Mensch wie der jetzige Papst. Seine roten Schuhe waren in jedem Fall eleganter als die ausgelatschten schwarzen Treter, die wir jetzt zu sehen bekommen. Doch wenn solche Dinge zu einem Kommunikationsproblem werden zwischen der Botschaft des Evangeliums, den Verkündern dieser Botschaft und den Empfängern, dann sollte man die Schuhe wechseln. Wer weiß, ob es nicht irgendwann in hundert Jahren angebracht und dienlich sein wird, dass ein Papst die Sedia gestatoria und die Pfauenwedel wieder einführt? Im Moment zeigt uns unser Papst, dass er nicht nur in der Lage ist, seinen Bischofsstab zu tragen, sondern auch seine alte Aktentasche.

Es sind im Hinblick auf die Botschaft des Evangeliums und die Probleme der Welt Kleinigkeiten. Jedoch habe ich als Priester und Pfarrer mitbekommen, wie unnütz belastend diese Kleinigkeiten sind. Wenn alle Mitarbeiter die Parkplätze benutzen und nur die Chefetage nicht, dann steht die Frage im Raum: »Können die nicht einen Parkplatz benutzen wie wir auch?«, und es gibt dann »die« und »uns«. Ja, das ist eine Lappalie! Aber wenn es eine ist, dann dürfte es doch nicht so schwer sein, den Weg vom Parkplatz zusammen zu gehen. Wer schon einmal bei der Wanderung durch die schönste Landschaft einen kleinen Stein im Schuh hatte, der weiß, wie sehr Kleinigkeiten stören.

Niemand, der die Strukturen der Kirche in unserem Land kennt, missgönnt einem Bischof ein gutes Auto und einen Fahrer, mit dem er zügig von A nach B kommt, in dem er auf dieser Strecke arbeiten kann, gut vorbereitet und warum nicht auch ausgeschlafen bei seinen Terminen erscheint.

Doch auch dem, der es nicht bis zum Bischof gebracht hat, tut sich ein weites Feld auf an Lappalien, die wie so oft eher anderen auffallen als einem selber. Wer als Pfarrer die Frauengemeinschaft bittet, für die Konferenz den Kaffee zu kochen, zu backen und nachher aufzuräumen, der hat entweder nicht verstanden, in welcher Welt wir leben, oder es handelt sich um einen besonders hilfreichen Pfarrer, der umgekehrt der Frauengemeinschaft bei ihrer Konferenz den Kaffee macht, Kuchen backt und nachher aufräumt.

Gerne wird in solchen Dingen mit der Person Jesu argumentiert, der ja ganz anders gewesen ist. Stimmt! Nur sei all denjenigen dann auch gesagt, sie mögen doch bitte ihren Lebensstil, ihr Auto, ihr Haus, ihre Kleidung und ihren Urlaub mit dem Evangelium abgleichen und nicht dies bei anderen tun. Vermutlich gibt es bei jedem Getauften das ein oder andere nachzubessern. Das Evangelium gilt nicht erst ab der Priesterweihe, sondern ab der Taufe. Und zwar in Bezug auf Rechte und Pflichten. Wer mehr Rechte will und den Klerus in die Pflicht nimmt, der sollte sich auch selbst verpflichtet fühlen. Um bei unserem Weihbischof zu bleiben: Nicht nur Adel und Amt verpflichten, sondern den Christen verpflichtet die Taufe!

Christ ist man am Sonntag um zehn

»Herr Pastor, ich gehöre zu denjenigen, die auch nicht jeden Sonntag zur Kirche kommen.« Hätte ich jedes Mal, wenn ich diesen Satz gehört habe, einen Euro bekommen … Sie wissen schon, was ich meine. Mir fiel es jedenfalls mit der Zeit immer schwerer, nicht gereizt zu reagieren auf diesen Satz, denn aus Erfahrung wusste ich, das mit dem »nicht jeden Sonntag« meist ein völliges Fernbleiben kaschiert wurde. Um aber zum Beispiel Hochzeitspaaren gerecht zu werden und zu wissen, bei welchem Erfahrungswert angesetzt werden kann, hilft nur vorsichtiges Fragen. Ein Paar, das auch mit obigem Satz ins Gespräch gestartet war, brachte es nach einer Weile so auf den Punkt: »Sie könnten uns aus dem Koran vorlesen, wir würden es nicht merken.«

Dass man zur Messe kommt oder nicht, ist für manche der entscheidende Maßstab für das Christsein – auch ich bin noch in einer solchen Zeit aufgewachsen, in der das mehr oder weniger so gesehen wurde. Selbst, wenn man dies vehement bestreitet, war die Argumentation gegen die Teilnahme doch oft der mühsame Versuch, sein Fernbleiben zu entschuldigen. Mit den Jahren ist die Gruppe derer auch dahingeschmolzen, die noch sagen konnte: »Früher mussten wir immer zur Kirche. Das hat mir alle Freude daran verdorben.« In meiner ersten Gemeinde als Pfarrer wurden auch alle 18-Jährigen zum Geburtstag besucht. Gut erinnere ich mich an das überraschte Gesicht eines Jungen, der mich nicht erkannte. Seine Distanz zur Kirche entschuldigte er damit, dass er früher immer zur Messe gezwungen wurde und jeden Monat zur Beichte musste. Auf meine Frage, wo in Deutschland er denn gelebt habe – wir sind bei dem Gespräch im Jahr 1995 – kam heraus, dass dies gar nicht seine Erfahrungen seien, sondern dass er das so übernommen habe als Argument. Eigentlich wüsste er gar nicht, warum er nicht käme.

»Aber man ist ja auch ein guter Christ, wenn man sonntags nicht zur Kirche geht. Oder, Herr Pastor?« »Wer sein gutes Christsein als Erstes damit begründet, dass er sonntags nicht zur Messe kommt, der wird sicher besondere Leistungen auf anderen Gebieten erbringen. Woran machen wir denn fest, was ein guter Christ ist?« »Wenn einer tut, was Jesus gesagt hat.« »Gut, er hat ausdrücklich nach dem Abendmahl gesagt: ›Tut dies zu meinem Gedächtnis‹. Jetzt bin ich gespannt auf Ihre Begründung, warum das Nichtbefolgen dieser Aussage Jesu das gute Christsein in besonderer Weise belegt.«

Warum will eigentlich jeder ein guter Christ sein? Die Antwort von Papst Franziskus in einem Interview auf die Frage: »Wer sind Sie?«, lautete nicht: »Ein guter Christ«, sondern: »Ein Sünder!« Vielleicht muss man für eine solche Feststellung aber auch erst Papst werden.

Wann hat sich das Kirchesein eigentlich so verengt auf den Sonntagmorgen, auf die Teilnahme an der Messe als entscheidendes Kriterium? Für mich ist die Feier von Tod und Auferstehung Jesu Ausgangs- und Zielpunkt meines Lebens als Christ.

Als junger Priester habe ich gelegentlich ältere Mitbrüder gefragt, welchen Rat sie mir für mein Leben als Priester geben würden. So hatte ich auch die Gelegenheit, den ehemaligen Erzbischof von Recife, Dom Helder Camara, bei einem Besuch diese Frage zu stellen. Ich gebe zu, ich habe sehr gezögert, war er doch als Freund der Armen bekannt und ich hatte Sorge, er könne mir raten, alles den Armen zu geben. Eine Antwort, die mir mit Anfang dreißig nicht gefallen wollte. Aber ich habe ihn gefragt und es wurde einer der entscheidensten Momente meines Lebens. Er blieb stehen, nahm meine Hände, riss sie förmlich hoch, schaute mir in die Augen und sagte: »Feiern Sie die Messe mit aller Ehrfurcht und Andacht. Nie ist Gott uns näher als in den Gestalten von Brot und Wein!« Schlagartig wurde mir deutlich, woraus er lebte und woher er seine Kraft nahm, so nahe bei den Menschen zu sein.

Ich versuche aus dieser Feier zu leben, bin aber Zeuge, dass zeit meines Lebens die Zahl derer, die das ebenfalls tun, immer geringer wird. Man kann das beklagen, aber vielleicht sind die Form der Eucharistie und der Anspruch, diese jeden Sonntag zu feiern, einfach nicht etwas für die Mehrheit der Katholiken. Zumindest ist die Mehrheit der Katholiken selber dieser Meinung. Vielleicht haben wir uns mit diesem Kirchengebot der Sonntagspflicht, das sich sehr wohl auch biblisch begründen lässt, in eine Sackgasse manövriert und nun stecken wir darin fest. Wir halten die Pflicht hoch, das Schuldbewusstsein bei den Fernbleibenden wach und frustrieren uns von Jahr zu Jahr mehr, weil die Zahlen nur rückläufig sind.

Unsere Sprache ist manchmal sehr verräterisch. In der letzten Gemeinde fand ich in der Innenstadt der einstmals katholischen Hochburg Münster einen Kirchenbesuch von 2,8 Prozent bei einem Bistumsdurchschnitt von elf Prozent vor. Wie sehr unser Selbstbewusstsein an diesen Zahlen hängt und die Öffentlichkeit unser Aktivsein daran misst, braucht wohl nicht gesagt zu werden. Die geringe Zahl der Besucher wurde u. a. damit begründet, dass es keine Parkplätze an der Kirche gäbe und diese für alte Leute schlecht zu erreichen sei. Die Rückfrage, ob denn die Menschen kämen, die in der Nähe der Kirche wohnen, einen Parkplatz haben oder trotz Alters einen kurzen Weg haben, wurde mit einem beredten Schweigen beantwortet. Die kirchenmusikalischen Andachten der brillanten Organistin und Sängerin fanden hingegen trotz mangelnder Parkplätze oft regen Zuspruch. Wir trauen uns einfach nicht zu sagen, dass unser Angebot die meisten Menschen schlichtweg nicht interessiert. Wir sollten es um Gottes und der Menschen willen dennoch so gut, überzeugend, würdig und lebendig feiern, wie es uns zu Gebote steht. Aber machen wir uns nichts vor, unser Einsatz wird an den Zahlen nur wenig ändern.

Im Pastoralplan eines Bistums las ich die Analyse, dass die Menschen Abschied genommen hätten von der traditionellen Pfarrgemeinde. Auf unterschiedliche Weise und an verschiedenen Orten würden die Menschen mit Kirche heute in Berührung kommen wie z. B. Kindergärten, Schulen, Bildungshäusern. Für viele wäre ein Ort der Berührung auch die Messe am Sonntag. Der Gottesdienstbesuch der Katholiken sinkt in den einstelligen Prozentbereich, und da schreiben Verantwortliche immer noch, dass das »für viele« eine Begegnung mit Kirche sei. Ab wann würden wir es denn wagen, von »wenig« zu sprechen? Müssen wir dafür erst in den Promillebereich sinken?

Und doch behält die Aussage Jesu aus dem Abendmahlssaal ihre ganze Gültigkeit: »Tut dies zu meinem Gedächtnis.« (Lk 22,19)

Servicewüste Kirche

»No service today«: Das steht in England an den Kirchen, wenn es keinen Gottesdienst gibt. Das Wort »Service« bedeutet »Dienst« und gibt es in unserer Sprache auch in der Wortkombination »Servicewüste«. Ob wir in einer »Servicewüste Kirche« sind, hängt manchmal von zwei Faktoren ab: Will ich etwas bekommen oder soll ich etwas geben? Die Grenzen sind unscharf und es wird öfter zu Unstimmigkeiten kommen. In die Wände meiner ersten, kleinen, romanischen Pfarrkirche wollte eine Brautmutter Nägel für den Blumenschmuck schlagen, komme der Bräutigam doch aus Bayern und sei Barockes gewohnt. Als sie das nicht durfte, empfand sie das als absolut unfreundlich von der Küsterin. »Servicewüste«?

(Un)ausgesprochen sehen viele Menschen in ihrer Begegnung mit Kirche – und an dieser Stelle sind damit alle Hauptamtlichen gemeint: Seelsorgeteam, Pfarrsekretärin, Küster, Organistin, Blumenteam – diese als Dienstleisterin. Handelt es sich bei dieser Begegnung um einen Gottesdienst, handelt es sich um ein Missverständnis, denn dieser ist zunächst einmal ein Dienst vor Gott und nicht einer an den Gottesdienstbesuchern. Das Verständnis dafür ist in weiten Teilen leider jedoch verloren gegangen.

Sollte Gott im Leben derer, die Taufe, Hochzeit oder Beerdigung wünschen, gar keine Rolle spielen, dann wird es noch schwerer, zu vermitteln, um was es geht. Dann ist aus dem Slogan »Gott ja – Kirche nein« inzwischen »Kirche ja – Gott nein« geworden. Menschen meinen dann, ein Recht auf eine Dienstleistung zu haben. In meinen Gemeinden haben alle Hauptamtlichen fast alles unternommen, um Wünsche so weit wie möglich auch zu erfüllen. Wo aber Hauptamtliche, und da meine ich besonders jene im Seelsorgepersonal, den Gottesdienst als Serviceleistung am Gemeindemitglied als Kunden sehen, da stellt sich die Frage nach dem Gottes- und Kirchenbild. Kirche sein wollen – oder – von Kirche etwas wollen, darin zeigt sich eine Haltung oder eine Bedürftigkeit. Eltern, die ihr Kind taufen lassen möchten, wollen zusammen mit diesem Kind »Kirche« sein. Menschen, die sich das Sakrament der Ehe spenden, wollen dies in der Kirche tun.

Wenn Kirche als ein Gegenüber gesehen wird, dann kann ich einen Service wünschen, so wie der Kunde im Restaurant, in dem er König ist! Da kann man dagegenhalten, man wende sich eben den Menschen liebevoll zu und die Menschen sollen nicht wie Bittsteller bei uns auftreten müssen. Dies sollte bei Sakramenten in der Tat nie der Fall sein, aber zwischen Bitte und Forderung als zwei Extremen liegt eine breite Straße und jeder ist willkommen, zwischen diesen seinen Weg zu gehen.

Die beiden Begriffe Zuspruch und Anspruch werden in dieser Diskussion gerne genannt. Eine Servicementalität zeichnet sich aber auch dadurch aus, dass die beiden Begriffe ungünstig verteilt sind, denn der Kunde kommt mit Ansprüchen. Hingegen wird der mitverantwortliche Christ in der Kirche auch stets mit seinem eigenen Anspruch konfrontiert, ist er doch gleichsam Kunde bei sich selbst, bei der Kirche, von der er ein Teil ist.

Nicht nur das Bild des Restaurants, auch das Bild von Kirche als Feldlazarett (Papst Franziskus) kann falsch gebraucht werden. Jedem Bedürftigen sollten unsere Türen und Arme weit offen stehen; aber nicht alle Hochzeitspaare gehen schon als Schwerverletzte in die Ehe. Was für ein Bild haben wir von den Menschen, wenn wir sie als Bedürftige sehen bei der Bitte um die Spendung eines Sakramentes? Sind wir denn diejenigen, die es gewähren? Ist es nicht umgekehrt? Die Brautleute versprechen sogar in der Feier ihren aktiven Beitrag zur Gestaltung von Kirche und Welt. Eltern und Paten versprechen sogar, ihr Kind im Glauben der Kirche zu erziehen und es in diese hineinzubegleiten. Der Zuspruch dieser Feier erfolgt im Sakrament und Segen und nicht darin, alle Wünsche bei Uhrzeit, Liedauswahl, Blumenschmuck etc. erfüllt zu bekommen.

Die Spendung der Sakramente fällt in den Bereich Liturgie, doch manchmal kann man den Eindruck gewinnen, es handle sich um Caritas. Wer vor Gott tritt, muss nicht vorher unter die Räuber gefallen sein und sich wünschen, man möge ihn aufheben, zum Gastwirt bringen und im Voraus schon mal die Rechnung bezahlen. Service in der Caritas ist der Dienst am Menschen. In der Liturgie handelt es sich um den Dienst des Menschen vor Gott und nicht am Gottesdienstbesucher.

Schließlich kann Service im Englischen auch schlichtweg »Messe« heißen. Diese ist in ihrer jetzigen Form eine, in der die Kommunikation zwischen Zelebranten und den Mitfeiernden ein tragendes Element ist oder zumindest sein soll.

Einen der Priesteramtskandidaten, inzwischen ein begeisternder Kaplan, der mit mir im Pfarrhaus wohnte, fragte ich einmal, ob er einen Sonntag predigen wolle. Dass er wollte, war klar, und da ich ihn kannte, wollte ich die Predigt vorher lesen. Mit Anfang zwanzig darf, ja muss man vielleicht radikal sein. Genau das hatte er zu Papier gebracht. Ich fragte ihn, ob er daran gedacht habe, dass vor ihm Ehepaar N.N. sitzen werde, dessen Tochter vor einigen Monaten gestorben sei, Frau M., die die Nacht über ihren Mann gepflegt habe, Herr O., dessen Ehe zerbrochen sei. Erschrocken sagte er, das habe er ja alles nicht gewusst. Woher auch, denn er kannte die Menschen nicht gut genug. Also bat ich ihn, die Predigt noch einmal zu schreiben, jetzt sich dabei diese konkreten Menschen vorzustellen, die Radikalität beizubehalten, es aber so zu sagen, dass alle unverletzt die Kirche wieder verlassen können. Sie konnten, weil er es konnte und noch immer kann.

Was ich damit sagen will, ist, dass die derzeitigen und voraussehbaren Strukturen es den immer weniger werdenden Priestern immer schwerer machen, einem zu erwartenden Service, einem Dienst vor Gott und auch der Kommunikation mit den Menschen in der Messe gerecht zu werden. Ganz einfach, weil die Zeit fehlt. Nach einem Jahr kannte ich die Straßen meiner Gemeinde. Nach zwei Jahren viele Gesichter in den Straßen. Nach drei Jahren kannte ich viele Geschichten zu den Gesichtern. Dabei hatte ich das unglaubliche Glück – ob bei eintausend, dreitausend oder zehntausend Gemeindemitgliedern –, immer nur eine Kirche in der Gemeinde zu haben. So lernte ich Personen, Familienkonstellationen, Paare, Stammplätze und Gewohnheiten kennen. Solche Kenntnisse kann man sich noch in zwei oder drei Kirchen erarbeiten, aber es ist etwas, das ich mir nicht vorstellen möchte, im Verlauf eines Monats an häufig wechselnden Orten die Messe zu feiern mit Menschen, von denen ich kaum Namen und Geschichten kenne.

Trotz der Objektivität der Messe gehöre ich zu den Menschen, die, wenn sie die Wahl haben, auch nach dem Zelebranten entscheiden. Theorie und Praxis, soziologische und theologische Form der Kirche, Service vor Gott und für die Menschen, Anspruch und Zuspruch, Kunde und Teilhaber, von allem ist auch etwas in mir.

Der barmherzige Samariter im Sozialstaat

Caritas ist das Fort Knox der Kirche, also die Goldreserve, das unschlagbare Argument, die letzte Berechtigung für die Kirchensteuer, für eine Existenz in einer Mehrwertgesellschaft, für Kirchenbauten und ihren manchmal irritierenden Glanz. Caritas vermochte die Waagschalen auszugleichen, wenn sie sich zum Negativen für die Kirche neigten. Doch dann, bei einer Zufriedenheitsstudie, kam heraus, dass für fast achtzig Prozent der Menschen zwischen Kirche und Caritas keine Verbindung mehr besteht. Für wen von beiden ist das eigentlich gefährlicher?

Das Vorbild des barmherzigen Samariters (Lk 12,25–37) hat den Menschen über Jahrhunderte nicht nur treue Dienste geleistet, sondern auch der Kirche. Die Werke der Barmherzigkeit machten die Welt lebenswerter und Kirche war in der Tat oft das Lazarett am Wegesrand. Im November 2016 ging das Außerordentliche Jubiläum der Barmherzigkeit zu Ende, groß gefeiert, auch für eine Wiederentdeckung jener Werke der Barmherzigkeit. Papst Franziskus hat gesagt: »Es gibt Augenblicke, in denen wir aufgerufen sind, in ganz besonderer Weise den Blick auf die Barmherzigkeit zu richten und dabei selbst zum wirkungsvollen Zeichen des Handelns des Vaters zu werden.«

Und tatsächlich haben Stiftungen und Orden schon immer Krankenhäuser errichtet. Doch es war die Aufgabe des Staates, Krankenversicherung einzuführen. Selbst als der Staat sich zum Sozialstaat entwickelte, verlor der barmherzige

Samariter nicht seine Aufgabe. Die Werke der Barmherzigkeit sind eben keine sozialpolitischen Aktionen, sondern sie stopfen die Löcher im zerrissenen Hemd der Gesellschaft.

Als meine Großeltern hochbetagt in ein Altenheim gingen, da bekamen sie zur ihrer Freude ein Zimmer auf der Station von Schwester Rafaele, der letzten Ordensschwester, die in der Pflege tätig war. Viele waren froh, wenn man im Krankenhaus auf eine Station mit Ordensschwestern kam. Wenn auch der Volksmund manchen Scherz über die Nonnen machte: Es waren diejenigen, die irgendwie immer da waren, gefühlt Tag und Nacht. Es waren diejenigen, die nicht nur in den Häusern gearbeitet haben, sondern dort lebten. In einer meiner Gemeinden hatten Ordensschwestern den Kindergarten geleitet. Sie waren schon lange nicht mehr im Ort, aber in den Köpfen derer, die noch erlebt hatten, dass sie über dem Kindergarten wohnten. Diese Schwestern lebten in den Gedanken der Menschen fort, manchmal zum Leidwesen derer, die heute die Arbeit machen und einen solchen Arbeitseinsatz einfach nicht bringen können.

Dass heute gut ausgebildete, engagierte Frauen und Männer in kirchlichen Kindergärten, Schulen, Krankenhäusern, Altenheimen und sozialen Einrichtungen oftmals herausfordernde Tätigkeiten gut ausüben, das steht nicht zur Debatte. Dass diese Menschen eine geregelte Arbeitszeit brauchen, ist selbstverständlich. Ebenso eine gute Bezahlung. Doch was unterscheidet unsere Einrichtungen eigentlich noch von anderen Trägern? Ist mit dem Verschwinden der letzten Nonne, des letzten Bruders auch etwas anderes verschwunden? Je nach Region wird mehr oder weniger diskutiert, welche Berufsgruppe im Haus welche Konfession haben sollte, darf oder gar muss. Darf der Arzt in einem katholischen Krankenhaus Hindu sein? Darf die Gruppenleiterin im Kindergarten evangelisch sein oder nur die Ergänzungskraft? Ein Bruchteil der Fragen, die damit verbunden sind.

Dass der konfessionelle Träger eine finanzielle Entlastung der öffentlichen Hand darstellt, ist in unserem System von Staat und Kirche eine Kosten-Nutzen-Rechnung für beide Seiten. Was aber unterscheidet unsere Einrichtungen von anderen, deren Träger nicht konfessionell, sondern privat, staatlich, das Deutsche Rote Kreuz oder die Arbeiterwohlfahrt ist? Zeichnen sie sich aus durch gute Pflege mit wöchentlichem Gottesdienst? Papst Benedikt XVI. schreibt in seiner Enzyklika »Deus Caritas est«, dass Caritas nicht das Ziel habe, den Menschen zu bekehren: »Wer im Namen der Kirche karitativ wirkt, wird niemals dem anderen den Glauben der Kirche aufzudrängen versuchen.« Dennoch möchten unsere Schulen und Kindergärten auch Lernorte des Glaubens sein. Manchmal sind wir hin- und hergerissen, ob diese nun Einrichtungen bevorzugt für katholische Kinder sind oder als Lernorte erst recht Einrichtungen für alle Kinder – auch von solchen Eltern, die aus der Kirche ausgetreten sind und keine Kirchensteuern zahlen, aber dennoch ihre Kinder in katholischen Einrichtungen bewusst und nicht nur aus Verlegenheit mangels anderer Alternativen anmelden. Warum wir zum Beispiel bei einem nur zwanzigprozentigen Anteil katholischer Kinder der Träger sein sollen oder dürfen, stellt sich als Frage bei schwindenden Geldmitteln ebenso wie bei glaubensfernen Menschen, die für ihr Kind einen Platz suchen. Ist das Subsidiaritätsprinzip noch ein ausreichender Grund, wenn am Ende zwar noch der Träger christlich, das Unterscheidungsmerkmal zum nichtchristlichen Träger aber verschwunden ist? Ist der barmherzige Samariter noch karitativ, wenn er sich mit anderen Samaritern an einem Wettrennen um den Hilfsbedürftigen beteiligt? Gibt es in unserem Sozialstaat nichts anderes für ihn zu tun?

Die Werke der Barmherzigkeit zeichnen sich dadurch aus, dass sie anpacken und helfen, nicht dass erst gefragt wird, ob der Hilfsbedürftige nach den Regeln des Evangeliums gelebt hat. Der Staat als Sozialstaat ist ein Ergebnis auch und gerade der Christen im Staat. Der barmherzige Samariter ist jedoch nicht Mitglied der Findungskommission zur Lösung des Problems von Raubüberfällen. Seine Aufgabe ist eine andere. Er packt an, wo seine Hilfe gerade nötig ist.

Wenn auch in unserer Gesellschaft die Nonnen und Brüder leider aus den meisten Einrichtungen verschwunden sind, sie haben Nachfolgerinnen in nahezu jeder Gemeinde gefunden. Überall gibt es sie, Frauen und Männer, die vor Ort für die Menschen da sind. Mit Zuverlässigkeit werden Kleiderkammern unterhalten und in Sozialbüros wird geholfen, wenn das soziale Netz zu großmaschig geworden ist. Gelder werden von Menschen gegeben und gesammelt. Viele der »Tafeln« haben ihre Ausgabestellen in Pfarrheimen. Niemand wird nach Konfession oder Religion gefragt. Welche Schicksale und welche Geschichten bekommen die »Samariter« dort oft zu hören? Sicher, manche stimmen nicht und man muss nicht alles glauben und schon gar nicht all das tun, was gewünscht oder erwartet wird. Doch wer beim Helfen noch niemals reingefallen ist, der hat auch noch nicht richtig geholfen! Manche Schicksale lassen sich einfach nicht mehr in eine bürgerliche Existenz überführen, da hilft dann einfach mal ein Bier oder ein Schnaps. Ob dieses Engagement eventuell verhindert, dass sich ein System reformiert und verbessert? Wie schon gesagt: Der barmherzige Samariter war und ist nicht

Mitglied der Findungskommission zur Lösung des Problems von Raubüberfällen. Seine Aufgabe ist eine andere. Er packt an, wo seine Hilfe gerade nötig ist.

Politiker aller Parteien waren sich einig, dass die zahlreichen Flüchtlinge, die seit 2015 in unser Land kamen, entscheidend auch durch die Hilfe christlicher Gemeinden auf ihrem Weg in Deutschland begleitet wurden. Der Ehrlichkeit halber muss man sagen, dass es eine Partei gab, die gerade diese Aktivitäten der Kirchen ablehnt, sich selbst aber das christliche Abendland auf die Fahnen geschrieben hat. Es wird deutlich, wie wichtig es ist, dass Kirche und Caritas nicht auseinanderdividiert werden. Vieles würde in unserem gut organisierten Staat weiterlaufen, aber wenn alle Werke der Barmherzigkeit unterblieben, würden alle Menschen viel verlieren.

Unsere zahlreichen Kindergärten und Schulen werden als Chance der Glaubensverkündigung gesehen. Ist diese Hoffnung in den letzten Jahrzehnten in Erfüllung gegangen? Ich halte auch hier die Hoffnung, die sich an dieses Projekt bindet, für unrealistisch – die Arbeit an sich ist gut und richtig. Ich stelle die Frage an das Modell, das kaum die Erwartungen erfüllt, nicht an das Personal, nicht an das Engagement für die Kinder und Jugendlichen – nur daran, ob dies wirklich »Lernorte des Glaubens« sind. Wurden die Erwartungen der letzten Jahrzehnte erfüllt, als wir auf noch mehr Erzieher/innen zurückgreifen konnten, die eine Glaubenspraxis kannten und lebten?

Auf diesen Abschnitt meiner »?Kurskorrektur!« gab es eine große Anzahl an Rückmeldungen, berührt er doch ein brisantes Thema. Die Kirchen sind ein großer Anbieter auf dem Gebiet der Kindergärten. Eingestiegen sind sie auf diesem

Gebiet aus verschiedenen Gründen. Da ist zum einen das Engagement für den Menschen. Die Kooperation mit dem Staat im Sinne der Subsidiarität und der Einsatz für die Demokratie sind ebenfalls wichtig. Das große Engagement bedeutet für den Staat auch eine finanzielle Entlastung, denn schließlich finanzieren die Kirchen aus Kirchensteuermitteln einen nicht unerheblichen Anteil der Kosten einer solchen Einrichtung. Jedoch stellt sich bei einer schwindenden christlichen Prägung der Gesellschaft auch vermehrt die Frage, inwieweit das kirchliche Engagement noch den Interessen der Bevölkerung entspricht. Sobald über Kirche und Geld gesprochen wird, kommen auch diese Einrichtungen auf den Prüfstand, und das ist auch gut so.

Letztlich kann allerdings nur die öffentliche Hand dieses kostenintensive System von Kindergärten und Schulen unterhalten. Der personelle und finanzielle Beitrag der Kirchen entlastet in jedem Fall. Doch ist es nicht der erste Aspekt der Kirchen, den Staat zu entlasten. Das Unterscheidende zu anderen Trägern ist auch nicht die Qualität der pädagogischen Arbeit, sondern das Mehr an religiöser Erziehung und Vermittlung. Inwieweit kann dies aber heutzutage noch gewährleistet werden, angesichts der großen Anzahl von Einrichtungen und der schwindenden religiösen Bindung in der Gesellschaft? Hätten wir bei Einstellungsgesprächen in den Gemeinden nach der religiösen Praxis gefragt und entschieden, wir hätten in den letzten Jahren schlicht manche Stelle nicht mehr besetzen können. Steuerzahlendes Mitglied der Kirche zu sein war das entscheidende Kriterium, und wenn nicht bei der Bewerbung schon auf kirchliches Engagement selber hingewiesen wurde, hat man die Nachfragen danach besser unterlassen, sollte die Stelle nicht unbesetzt bleiben.

Ausdrücklich muss eine Lanze gebrochen werden für die Frauen und Männer, die sich bei ihrer Arbeitsplatzsuche bewusst für eine kirchliche Einrichtung entschieden haben, weil ein gewisses »Mehr«, auch an religiöser Erziehung, ihnen persönlich wichtig ist. Doch wie viele Einrichtungen müssten wir wohl schließen, wenn nur noch dieses Personal zur Verfügung stünde? Wenn mehr Menschen durch die Kirche Geld verdienen, als in der Kirche Gott dienen, dann ...

Um Missverständnissen vorzubeugen: Mir geht es keineswegs um einen breiten Rückzug aus diesem Engagement für die Menschen und unsere Gesellschaft. Ich habe an den verschiedenen Stellen die ganze Bandbreite von Nähe und Distanz zur Kirche oder Gemeinde erlebt. Mitarbeiter, die sich in der Gemeinde engagierte,n und solche, die es als Zumutung empfanden, wenn sie vom Träger um etwas gebeten wurden, das über den Stundenzettel hinausging. Ebenso in den Kirchenvorständen als Träger, die sich über manchen Einsatz nur anerkennend äußern und freuen konnten und die sich auch bei mancher Einrichtung fragten, warum sie diese überhaupt noch unterhielten und was sie als katholisch auszeichne.

Kein Entkommen?!

In der Bibel stellt Jesus uns das Gleichnis des guten Hirten vor (Mt 18,12–14), der die 99 Schafe verlässt, um dem einen verlorenen Schaf nachzugehen. Das bringt mich dazu, zu fragen: Ach Jesus, was hast du uns Seelsorgern und besonders uns Priestern mit diesem Bild angetan? Du bist der gute Hirte und wir sollen dich zum Vorbild nehmen. Aber nicht ein Schaf ist weggelaufen, sondern über 90 der 100.

Doch halt, stimmt das überhaupt? Wenn ich zu den vielen gehen würde, die nie in deine Kirche kommen, dann sagen die bestimmt, sie würden sehr wohl an dich glauben, seien getauft und hätten durchaus auch die Erstkommunion empfangen. Und was soll ich dann sagen? Selbst die, die deine Herde ganz verlassen – in Deutschland geht das beim Amtsgericht –, sagen mir, wenn ich ihr Kind taufen soll, dass sie an dich glauben. Die Schafe, die zur Messe kommen, drängen mich aber, ich solle auch die anderen Schafe hinzuholen, denn das seien die verlorenen. Sind sie es denn?

Wenn ich versucht habe, mich um diese Schafe besonders zu kümmern, dann haben sich die verbliebenen jedoch beschwert, denn sie fühlten sich von mir im Stich gelassen. Selbst, wenn ich die nicht getauften und die nicht an dich glaubenden Schafe als die verlorenen ansehen wollte, ist das nicht so leicht. Seit dem letzten Konzil sind auch die nicht mehr wirklich verloren. Ich weiß dann gar nicht, wie ich denen begründen soll, warum sie zu deiner Herde dazugehören sollen. Selbst die Ungetauften sagen mir, du würdest das heute nicht mehr so eng sehen. Ich sollte mich da deiner Haltung anschließen, denn auch sie würden in dein Reich gelangen.

Aber, Jesus, jetzt mal unter uns: Ich weiß manchmal wirklich nicht mehr, wem ich denn noch nachgehen soll. Und wenn ich es tue, bin ich eher der lästige Hirte als der gute. Und welcher Hirte hat heute noch eine Herde von hundert Schafen? Eine Herde von zehntausend hatte ich zuletzt, von denen etwa dreihundertfünfzig in deine Kirche zur Messe kamen. Sind aber alle Menschen im Stadtteil meine Schafe, dann käme ich auf über zwanzigtausend und du wirst einsehen, das ist nicht zu schaffen. Dann ist es doch eigentlich egal.

Ich habe noch einmal in deiner Frohen Botschaft nachgelesen und festgestellt, dass du uns das Bild des guten Hirten zwar gezeigt, dich selbst aber nicht unbedingt so verhalten hast: Du hast niemanden weggeschickt, nicht die Ehebrecherin, nicht den heidnischen Hauptmann, nicht die Sünderin. Das habe ich auch nicht getan. Du bist sogar zu den Sündern gegangen wie Zachäus. Wenn ich heute mit der Aussage »Ich will heute bei einem Sünder zu Gast sein« zu einem Menschen ginge, würde ich wahrscheinlich viele Probleme bekommen und sogar noch eine Klage wegen übler Nachrede obendrein. Im Gleichnis vom verlorenen Sohn (Lk 15,11–32) lässt du den Sohn gehen, sogar mit viel Geld, und der Vater läuft nicht wie ein guter Hirte hinterher. Er nimmt ihn dann bei der Rückkehr wieder auf, klar. Aber ihm nachgehen, das tut auch der barmherzige Vater nicht. Als viele Menschen deine Predigt nicht mehr hören wollten und gingen, da bist du denen nicht nachgelaufen, sondern hast sogar die Dagebliebenen noch gefragt, ob sie nicht auch gehen wollen (Joh 6,67). Wenn ich das heute so machen würde, müsste mein Bischof mich aber oft versetzen. Du bist den Menschen eigentlich ziemlich wenig nachgelaufen. Mir macht man aber immer Beine und ein schlechtes Gewissen. Deinen Ruf: »Komm, folge mir nach« (Mk 10,21), mit dem du Menschen zur Nachfolge gerufen hast, den rufen inzwischen eher die Schafe: »Komm zu mir, kümmere dich um mich, komm zu meinem Geburtstag, ich bin der Kirchensteuerzahler und habe ein Recht auf deine Zeit.«

Natürlich habe ich den Vorsatz, jedem Menschen mit offenen Armen zu begegnen. Ich gehe auch Menschen hinterher, wenn ich den Eindruck habe, dass ich ihnen helfen kann. Aber ich bin einfach kein Meister im Weitwurf, weshalb ich den Glauben anbiete, aber nicht hinterherwerfe. Das Problem ist nicht neu, denn schon der heilige Augustinus sagte: »Viele, die drinnen sind, sind draußen, und viele, die draußen sind, sind drinnen.«

Aber wir sind immer kreativer geworden. Wenn mehr Schafe weggelaufen sind, haben wir einfach die Weide vergrößert. Das war eigentlich ganz gut, denn auf der Weide ist es mit der Zeit manchmal ganz schön eng geworden, geistig meine ich. Als aber immer mehr Schafe immer weiter weggelaufen sind, da haben wir alle Zäune aufgegeben und einfach alle zu deinen Schafen erklärt, ob die das wollten oder nicht. Wir waren jedenfalls aus dem Schneider, denn man konnte uns einfach nicht mehr entkommen. Die Welt war unsere Weide und somit jedes Schaf irgendwie auch ein Schaf von uns.

Auf der einen Seite finde ich das ja richtig und gut, aber es hat auch seine Unklarheiten und nimmt Schafen die Freiheit. Ein »Entkommen« ist nun nicht mehr möglich, aber ein »Entscheiden« auch nicht mehr nötig.

Vom Ende her gesehen, also ganz vom Ende, glaube ich ja auch, dass dein Reich mit so weiten Türen auf uns wartet, dass letztlich alle Menschen durchgehen können, wenn sie deiner Einladung Folge leisten. Ich weiß aber auch, dass du von der engen Pforte gesprochen hast und dass wir uns mit allen Kräften darum bemühen sollen, durch diese zu gelangen (Lk 13,23). Du hast auch von den klugen und törichten Jungfrauen gesprochen und der Wachsamkeit (Mt 25,1–13). Aber du musst verzeihen, ich bin manchmal kein »guter« Hirte, vielleicht nicht immer ein »kluger«, in jedem Falle aber ein »verwirrter«, hoffentlich aber selber kein »verirrtes« Schaf.

Es ist natürlich ein Problem, wenn man einen Satz aus deiner Botschaft herausgreift und absolut setzt. Ich liebe es an den Evangelien, dass sie manchmal sogar widersprüchlich daherkommen. So sagst du einmal: »Wer nicht mit mir ist, ist gegen mich« (Mt 12,30), und an anderer Stelle: »Wer nicht gegen uns, der ist für uns« (Mk 9,40). Ich mag diese scheinbaren Widersprüchlichkeiten, erkenne ich doch oft genau dazwischen den Weg. Eine eindeutige Klarheit wäre mir manchmal zwar lieber und in jedem Fall wäre es dann etwas leichter.

Bei dir in die Lehre zu gehen, heißt auch, zu lernen, wann wir was tun müssen: wegschicken oder einladen, gehen lassen oder nachgehen, fördern oder fordern. Zuspruch oder Anspruch.

Alle Päpste gehen zur Beichte

In unserer Kirche stimmt etwas nicht! Derjenige, der bei unserer irdischen Institution an der Spitze steht, bezeichnet sich selbst öffentlich als Sünder und geht zur Beichte. Wenn wir von der Spitze der Pyramide zur Basis heruntergehen, nimmt die Zahl derer zu, die dieses Sakrament für sich nicht mehr in Anspruch nehmen. Nach einer großen deutschlandweiten Seelsorgestudie, zu der alle Priester, Diakone und Pastoralreferenten eingeladen wurden, gehen nur knapp die Hälfte der Priester, ein Drittel der Diakone und ein Viertel der Pastoralreferenten nach eigenen Aussagen zur Beichte. Eigentlich ist das doch eine zutiefst beruhigende Tatsache, dass das Sündenbewusstsein in der Kirche in dem Maße steigt, je weiter man auf der Hierarchieleiter noch oben kommt.

Oder wir müssen umgekehrt konstatieren: ein Sakrament in der Krise! Diejenigen, die unsere Kinder auf den Empfang dieses Sakramentes vorbereiten, praktizieren es selbst nur noch in geringem Maße. Wir haben für Nichtschwimmer hauptsächlich Nichtschwimmer als Bademeister. Man stelle sich vor, unsere Kinder würden ihre Eltern, die Katecheten, die Hauptamtlichen und den Priester fragen, ob sie denn selber zur Beichte gehen. Auf die Begründung bin ich gespannt, mit der sie dann überzeugt werden sollen. Sehr gespannt!

Mit diesem Sakrament ist in der Vergangenheit auch viel Schaden angerichtet worden. Wie oft bin ich von älteren Menschen auf ihre Erlebnisse, die sie in Kindertagen gemacht haben, angesprochen worden. Und selbst wenn die Fantasie zu den negativen Erinnerungen ihren Beitrag leistet, wird doch selten von guten Beichterfahrungen berichtet. Es gibt schließlich Gründe dafür, dass so wenige Menschen dieses Sakrament für sich und ihr Leben nutzen. Die befreiende Erfahrung war oft nicht zu spüren. Auch ich bin einmal ohne Absolution aus einem Beichtstuhl gegangen, als der Priester anfing, mir Fragen zu stellen, die ich nicht beantworten wollte. Also ging ich von diesem Priester zu einem seelsorgenden Priester und dann versöhnt nach Hause. Fotos mit einem im Beichtstuhl knienden Papst gehen um die Welt, aber der Funke springt nicht über, es ihm gleichzutun.

Bezüglich der Kinderbeichte habe ich zahlreiche Eltern- und Katechetenabende verbracht. Erstbeichte vor der Erstkommunion – Erstbeichte nach der Erstkommunion ... die Argumente pro und kontra werde ich nicht wiederholen, braucht es hier auch nicht. Ob im Beichtstuhl, in der Sakristei, sichtbar, aber nicht hörbar in der Kirche, im Arbeitszimmer – wir haben viele Modelle erprobt.

Im letzten Jahr meiner Verantwortung für diesen Bereich habe ich die Erstbeichte ganz anders ausgerichtet. Die Einladung dazu erging unmittelbar nach der Erstkommunion an die Eltern und Kinder. Wir waren im Vorbereitungsteam der Meinung, dass das meiste Unheil in der Welt durch Erwachsene, nicht durch Kinder verübt wird. Also haben wir die Eltern der Kommunionkinder zur Beichte eingeladen, und sie dürften ihre Kinder dann gerne mitbringen. Warum sollten nur die Kinder zur Beichte eingeladen werden und die Eltern warten hinten in der Kirche, bis alles vorbei ist? Selbstverständlich wurden die Eltern auch früher schon auf die Möglichkeit zur eigenen Beichte hingewiesen. Die Feiern waren gut und herzlich gestaltet, soweit dies bei dem Thema möglich ist, geht es doch um meine Schuld, und das ist nie etwas Angenehmes. Diesmal hatten wir nur die Adressaten umgedreht, aber alles andere belassen, mit dem Ergebnis, dass noch nie so viele Eltern tatsächlich mit ihren Kindern in derselben Feier gebeichtet haben. Ehrlicherweise muss ich natürlich sagen, dass achtzig Prozent gar nicht gekommen sind. Doch ich würde es wieder so machen.

Eine kleine Begebenheit aus meiner Kaplanszeit an der überwältigenden romanischen Kirche in Freckenhorst im östlichen Münsterland erläutert das Thema Kirche, Schuld und Beichte noch von anderer Seite. Tausende von Touristen kommen, um sich die Kirche anzusehen. An einen Dialog mit einem Touristen erinnere ich mich noch lebhaft: Ein Herr ging mit seinem Hund durch die Kirche. Mit ausgesuchter Freundlichkeit – und das ist keine Floskel – wies ich ihn darauf hin, dass wir es nicht so gerne sehen, wenn Hunde mit in die Kirche genommen werden – Blinden- oder Therapiehunde selbstverständlich ausgenommen. Sofort wurde scharf geschossen: »Der Hund hat noch nie etwas Böses gedacht! Das können Sie von sich nicht behaupten!« Dem konnte ich natürlich nicht widersprechen, wohl aber entgegnen: »Da haben Sie recht. Deswegen ist diese Kirche auch für sündige Menschen und nicht für heilige Hunde gebaut worden. Also in jedem Fall für mich, vielleicht auch für Sie, nicht jedoch für den Hund.« Wie man sich denken kann, war das Gespräch damit nicht beendet, denn ich hatte einen neuen Kampfplatz betreten, nämlich den Hund als Geschöpf Gottes. »Gott hat bestimmt nichts dagegen, wenn der Hund in seine Kirche kommt!« »Ich bin erstaunt, wie gut Menschen sich bei den Dingen auskennen, zu denen Gott sich in der Bibel nicht geäußert hat, und wie großzügig hingegen seine konkreten Gebote oft ausgelegt werden. Natürlich ist der Hund ein Geschöpf Gottes, aber das sind Ratten, Schweine und Kakerlaken auch. Würden die sich hier tummeln, wären Sie nicht begeistert. Deswegen noch einmal: Hier im Haus Gottes geht es um den Menschen und Gott, nicht um Gott und den Hund.«

Sicherlich ist das eine Engführung, aber es geht um Pointierung im Hinblick auf das Thema. Wir haben in unserer Pfarrkirche in der Fastenzeit einmal mit einer Aktion versucht, dies zu versinnbildlichen. Alle Seiteneingänge waren geschlossen und es wurde auf das geöffnete Hauptportal verwiesen. Trat man dort in die Kirche, wurde der Blick versperrt von einer Folie, die zwischen zwei Säulen der Orgelempore gespannt war. Darauf stand in großen Lettern: »Zutritt nur für Sünder«. Die sich daran entzündende Diskussion ging von »Ich wäre am liebsten sofort umgekehrt und nach Hause gegangen« bis »Endlich ein Platz für mich«. Wer am Gottesdienst teilgenommen hatte, sah beim Verlassen der Kirche auf der Rückseite der Folie den Satz: »Ausgang für Heilige«. Eine kurze Diskussion gab es noch, da die Visitation des Bischofs in die Fastenzeit fiel – sollten wir da diese Installation nicht besser entfernen? Sie blieb und dem Bischof wäre alles andere auch nicht recht gewesen.

Ein kleines Nachspiel hatte das Ganze jedoch noch. Jemand hatte die Installation fotografiert und das Bild ohne Rücksprache mit uns zum Verkauf angeboten. Die Neue Zürcher Zeitung (NZZ) hatte dieses erworben und im folgenden Jahr mit diesem Bild und Text »Zutritt nur für Sünder« einen Fastenbegleiter im Internet gestaltet, jedoch ohne die Quelle anzugeben. Text und Bild haben Interesse gefunden und wurden aufgegriffen. Jedoch nur die Vorderseite, und auch das macht etwas deutlich: Nur für einen Christen ist die Rückseite letztlich verständlich und nachvollziehbar. Den Kindern sage ich deswegen bei Kirchenführungen immer, eine Kirche sei deswegen innen so hoch, damit selbst der größte Mensch ganz aufrecht vor Gott stehen kann, auch wenn er noch so gebeugt in das Haus Gottes gekommen ist. Es war dann eine gute Gottesbegegnung, wenn dieser gebeugte Mensch etwas entlasteter oder sogar aufgerichtet wieder in die Welt gehen konnte. Wie gesagt: Keine Kirche ist zu niedrig, als dass der Mensch nicht aufrecht vor Gott stehen kann.

Eine Pastoral der Vergeblichkeit?

Wer hat eigentlich mit dem ganzen Zählen angefangen? Das waren keineswegs die Diözesen mit den zwei Zählsonntagen im Frühjahr und Herbst, an deren Ende Zahlen standen, die mich Jahr für Jahr leicht deprimiert zurückließen, blieb ich doch in meinen Gemeinden immer dahinter zurück. Manchmal nur wenig, manchmal erreichten wir nicht einmal ein Drittel des Bistumsdurchschnitts.

Angefangen damit hat jedoch unser Herr selbst und die Evangelisten. Er hat zwölf berufen, was theologisch mit den zwölf Stämmen Israels begründet wird. Er sandte die Jünger zu zweien aus, was klug und vernünftig ist. Aber dann geht es los: dichtes Gedränge um ihn, Scharen laufen ihm nach, Wasser und Berge halten Menschen nicht davon ab, ihn zu suchen, mal eben fünftausend Männer, dazu Frauen und Kinder für eine Predigt mit anschließendem Essen, da wird das Dach des Hauses für den Gelähmten abgedeckt, weil sonst kein Rankommen an ihn ist, da muss man auf einen Baum steigen, um ihn zu sehen, oder sich durch Schreien Gehör verschaffen. Und nicht genug damit: Die Verheißung an seine Jünger, dass sie Frucht bringen werden und dass ihre Frucht bleibt, wird verknüpft mit der Zusage, das diese Frucht dreißig-, sechzig-, ja hundertfach sein wird (Mt 13,8). Kein Wunder, dass ich in unserer Zeit mit Depressionen nach Hause schleiche, denn nichts davon ist zu spüren. Es ist ein schwacher Trost, auf andere Teile der Welt zu verweisen, leben und arbeiten wir doch in diesem Teil und müssen mit den hiesigen Ergebnissen leben. Doch damit nicht genug; auch die Apostelgeschichte ist voll von solchen Erfolgsmeldungen mit konkreten Zahlen. Für mich werden die Zahlen noch glaubwürdiger, weil gleichzeitig von Schwierigkeiten, Zank und Rückschlägen berichtet wird und nicht ausschließlich von Erfolgen.

Darüber hinaus wird die Kirche in unserem Land auch durch ein System von Zahlen gestaltet und wahrgenommen. Ein Termin in der Personal- oder Finanzabteilung eines Ordinariats öffnet die Augen: die Zahl der Hauptamtlichen, der Gemeinden, der Kirchen und Pfarrheime, die Zahl der Mitglieder und des Steueraufkommens, der Rücklagen und Pensionen, die Menge der Kitas und Schulen, Bildungshäuser und Büchereien, die Zahl der Gottesdienstbesucher und und und. Da wird mit Zahlen jongliert und ich habe Respekt vor denen, die das tun, denn danken werden ihnen das oft Wenige, eher im Gegenteil. Dabei ist diese Tätigkeit überlebenswichtig für ein System, wie es unsere Kirche in unserem Land darstellt.

Als wir, die Hauptamtlichen und die zu erwartenden Kirchensteuern, weniger wurden, da wurde der Satz entdeckt: »Aber es geht doch um den Einzelnen!« Um den ging es schon immer, aber entdeckt haben wir ihn, als wir immer weniger wurden. Mein Eindruck ist, dass wir den Einzelnen als Argument gerne heranziehen, um so am Gewohnten festzuhalten. Wie viel Aussagekraft hat dieser Satz überhaupt? Wäre der Satz dem Jungen mit den zwei Broten und drei Fischen (Joh 6,5) schon eingefallen, wären Tausende hungrig weggegangen. Der Satz lässt sich in der Bibel im Wortlaut nicht finden, wohl in Taten, wenn es da heißt, dass der eine, um den es geht, immer der andere ist. Natürlich geht es Jesus immer um den einzelnen Menschen, der gerade vor ihm steht, doch in unserer derzeitigen Situation kann man den Eindruck gewinnen, dass an manchen Stellen die wenigen noch Verbliebenen sich genau darauf berufen, damit sich nichts ändert.

Vom Einzelnen noch einmal zurück zu den verheißenen großen Zahlen, der Frucht dreißig-, sechzig-, ja gleich hundertfach. Dies sind konkrete Zahlen. Uns erlebe ich so, dass wir unsere Zuflucht stattdessen suchen in dem Wort »viele«. »Für viele Menschen ist die Sonntagsmesse wichtig«: So was sagen wir, obwohl diese »vielen« immer weniger werden. Diese Maßeinheit »viel« klingt positiv und ist befreiend unkonkret.

Was machen wir also mit dem ganzen Zahlenwerk? Schönrechnen? Mit denen vergleichen, denen es noch schlechter geht? Den »Einzelnen« entdecken? Die »Vielen« bemühen? Augen zu und weitermachen? Nicht zu vergessen die ohnehin unendlich strapazierbare Hoffnung, oder wir runden fleißig auf nach oben. In unserer Zeit sind wir in einer fast schon verteufelten Zwickmühle. An uns ergeht der Auftrag, hinauszugehen in die Welt und allen das Evangelium zu verkünden (Mt 28,19), und das heißt doch nichts anderes als: »Volkskirche« ist der Auftrag! Und gleichzeitig nehmen wir davon Abschied, sehen trotz aller Bemühungen das Glaubenswissen und die Glaubenspraxis schmelzen wie Schnee in der Sonne und wünschen, dass alles wieder ist wie vor dreißig Jahren oder zumindest die Strukturen so bleiben. Der letzte Rettungsanker ist die Zuflucht in der Aussage, dass das Wesentliche doch gar nicht messbar ist.

Sind wir also Zeugen einer doppelten Pastoral der Vergeblichkeit? Vergeblich in den unglaublichen Bemühungen der

Haupt- und Ehrenamtlichen bei der Verkündigung in der Gesellschaft unserer Tage und vergeblich in den Bemühungen bei uns selbst, Neuland unter den Pflug zu nehmen (Hos 10,12)? Tröstend wäre jetzt ein aufmunterndes Nein, die Zuflucht zum befreienden »Viele im Verhältnis zu ...« und der Verweis auf die unzerstörbare Hoffnung oder letztlich auch ein Satz wie: »Wir machen die Kirche nicht, wir empfangen sie.« Das Bistum Osnabrück ist im Jahre 2015 hingegangen und hat ein »Jahr des Aufatmens« ausgerufen. Aufatmen im Sinne von Durchatmen und Innehalten, ein Jahr ohne neuen Plan, ohne weitere Aktion. Schon allein der Gedanke ist verlockend, erleichternd, befreiend. Erklärungen für die Situation der Kirche haben wir mehr als Lösungen.

Sicher ist eine Rückbesinnung auf das Evangelium immer gut. Am Ende der Osterzeit sind mir die Jünger besonders sympathisch. Die mit ihm unterwegs waren, die seine Botschaft eins zu eins gehört und den Botschafter gesehen haben: Sie glaubten ihm so lange nicht, bis er das Brot brach, bis sie seine Wunden sahen, bis sie ihren Namen aus seinem Mund hörten, bis er vor ihren Augen aß, bis die Netze voll waren. So nah dran am Geschehen und doch so voller Zweifel. Christus selbst war anscheinend der Erste, der mit der Pastoral der Vergeblichkeit konfrontiert wurde und dennoch reiche Frucht versprochen hat. Aber auch Verfolgung, Ablehnung, Unverständnis. Vielleicht ist es angebracht, noch mehr und häufiger Aktionen einfach runterzuschrauben oder ganz aufzugeben und sich stattdessen wieder mehr um das Evangelium zu versammeln. Den pastoralen Aktionismus aufgeben, um sich selbst und das, was einem buchstäblich heilig ist, nicht aufzugeben. Wenn wir die Jünger dieser Tage sind, wie sehr sind wir auch diejenigen, an denen das Bemühen um die

Botschaft ebenso abzulesen ist wie die Vergeblichkeit, dieser Botschaft zu glauben? Eine Vergeblichkeit, die bereits Jesus gespürt hat. Eine Vergeblichkeit, die sich jedoch auf eine Botschaft bezieht, die tatsächlich Frucht bringen kann. Wenn man sie hört, liest, ausspricht, bekennt.

»Der unter dem Teppich ist der Oberchecker!«

Man muss schon in zwei Welten zu Hause sein, um diesen Satz zu verstehen. Er soll so gefallen sein bei der Fronleichnamsprozession in Bochum, einer Stadt mitten im Ruhrgebiet. Dort zieht die Stadtprozession durch den Hauptbahnhof, auf der einen Seite rein und der anderen raus. Vor dem Bahnhof saßen Jugendliche und einer kommentierte das Geschehen mit eben diesen Worte: »Der unter dem Teppich ist der Oberchecker!« Die Aussage ist zwar ungewöhnlich, aber auch wenn der Jugendliche sie vermutlich fälschlicherweise auf den Priester bezogen hat, so ist sie dennoch richtig, denn dieser trug in der Monstranz das Allerheiligste, den Leib Christi, unseren Oberchecker.

Mit der Fronleichnamsprozession sind wir im Innersten des katholischen Erscheinungsbildes angekommen. Bei Fronleichnam handelt es sich dabei um das vielleicht katholischste aller Feste. In der Monstranz, einem goldenen Schaugefäß, wird ein Stück gewandeltes Brot aus der heiligen Messe durch die Straßen der Stadt oder durch Dorf und Land getragen. Wir glauben, dass in diesem gewandelten Brot Jesus Christus in einzigartiger und dichter Weise unter uns gegenwärtig ist. Wir zeigen ihm unsere Lebenssituation und er geht mit uns auf den Wegen unseres Lebens.

Die Gemeinden, in denen ich tätig war, haben dieses Fest sehr unterschiedlich begangen. In der Kaplansgemeinde gab es aufgrund einer Kreuztracht Anfang Mai zwei solcher Umzüge. Das Dorf wurde mit Fahnen geschmückt und die Kirche mit Blumen. Segensaltäre waren an traditionellen Stellen aufgebaut. Damit beim sakramentalen Segen am Dorfrand auch die Glocken der Kirche läuten, wurden mit Gas gefüllte Ballons zum Platzen gebracht, woraufhin an der Kirche die Glocken angingen, zum Teil noch von Hand geläutet. Selbstverständlich schirmte ein Tragehimmel das Allerheiligste ab. Eine lebendige Tradition, bis auf den heutigen Tag, die ich vier Jahre lang mit Freude genossen habe.

In der Gemeinde am Stadtrand von Münster, in der ich dann Pfarrer wurde, hätte ich das erste Jahr kaum überlebt, wenn ich auf dem Tragehimmel bestanden hätte. Dasselbe Fest wurde ganz anders verstanden. Bei einem Landgasthof wurde unter den Bäumen die Messe gefeiert und das Allerheiligste anschließend in einem Ziborium, einer Hostienschale mit Deckel, in einer Prozession zur Kirche getragen. Allein die Benutzung einer Monstranz wäre als überkommene Schaufrömmigkeit von den meisten nicht mehr verstanden worden. Sechs Jahre lang durfte ich als Pfarrer so mit den Menschen dieses Fest feiern. Auch das mit großer Freude.

Die dann folgende Gemeinde auf der anderen Seite derselben Stadt ist nach einigen Jahren der Unterbrechung der Tradition in den 80er-Jahren wieder zurückgekehrt zum Überlieferten. Messe in der Pfarrkirche, im Wechsel zwei Prozessionswege durch Feld und Wald mit vier Segensaltären und einem fünften Segen in der Pfarrkirche. Hier wiederum wäre ich erledigt gewesen, wenn ich mich geweigert hätte, unter dem Baldachin zu schreiten. Das äußere Erscheinungsbild wurde beibehalten, wobei der Pfarrgemeinderat den Ablauf etwas verändert hat. So begann der Gottesdienst mit der Begrüßung an der Kirche, am ersten Altar wurde der Wortgottesdienst gefeiert und anschließend Gottes Wort in der

Prozession mitgenommen. Der eucharistische Teil schloss sich am zweiten Altar an, wo die Gemeinde auch kommunizierte. Mit Wort und Sakrament zogen dann alle zum dritten Altar. Dort gab es einen sakramentalen Segen und es ging zur Kirche zurück. Und wieder: eine schöne Feier, an der Hunderte von Menschen teilnahmen.

In der Gemeinde der Innenstadt schließlich, die zwar dreimal so viele Mitglieder wie die vorherige hatte, gingen an Fronleichnam nicht einmal halb so viele Menschen mit. Dabei war der Weg der kürzeste. Nach der Messe an einem Altenheim zog man zum Kindergarten. Dort gab es einen Segen. Da sich das gemütliche Beisammensein gleich dort anschloss, brachten die Messdiener und die Träger des Himmels zusammen mit dem Pfarrer das Allerheiligste allein zur Kirche zurück. Bei reiner Wohnbebauung nahm ohnehin niemand am Straßenrand Notiz von dem Geschehen.

Daraufhin entwickelte der Pfarreirat ein neues Konzept. Die Prozession hinter dem Allerheiligsten her wurde umgewandelt in eine Prozession zum Allerheiligsten hin. In der Messe wurde zum Vaterunser eine Hostie in die Monstranz eingesetzt und diese auf einem blumengeschmückten Tisch vor der Stufe zum Altar ausgestellt. Zur Kommunion kamen die Menschen in Zweierreihe, machten eine Kniebeuge, eine Verbeugung vor dem Allerheiligsten, knieten sich hin, berührten es, flüsterten den Namen eines Menschen, der ihnen am Herzen lag, Eltern legten die Hände ihrer Kinder auf den Fuß der Monstranz und alle kommunizierten anschließend unter beiderlei Gestalten. Diese Prozession brauchte ihre Zeit. Danach trafen sich die Menschen an langen Tischen rund um die Kirche und teilten das mitgebrachte Essen untereinander. Für die Menschen in diesem Stadtteil war das eine adäquate Form, das Fronleichnamsfest zu begehen, und sie hat wohl jeden berührt, der daran teilgenommen hat.

Diese Feiern wirken so oder so wie die Prozession in Bochum auf nicht Eingeweihte vermutlich kurios. Andererseits zeigt der Oberchecker-Kommentar, dass sie wahrgenommen wird. Und darum geht es ja auch. Sich zu zeigen, sich zu bekennen, den Glauben sichtbar zu bezeugen.

Das Innerste lässt sich ohnehin kaum erklären, und wie unterschiedlich Menschen derselben Konfession und derselben Stadt das gleiche Fest gestalten, zeigt, wie viele Chancen darin stecken. Deshalb müssen wir über unsere Traditionen sprechen, unsere Vorlieben und Wünsche; schauen wir, welche Bilder wir produzieren und ob sie orts- und zeitgemäß sind oder vielleicht bewusst gerade das nicht sein wollen; eine halbe Stunde Anbetung aller Entscheidungsträger ist vielleicht hilfreicher als eine Stunde Diskussion.

Das Problem lautet nicht: Tragehimmel ja oder nein, Monstranz oder Ziborium, ein, zwei, drei oder vier Segensaltäre, Böllerschüsse, um die Glocken läuten zu lassen, oder nicht, langer oder kurzer Weg. Das Problem ist, dass wir diese Punkte zu unseren Problemen machen. Wie war doch der trockene Kommentar eines Pfarrers, der bei der Prozession in die Monstranz schaute und feststellte, dass sie leer war: »Irgendwas vergessen wir doch immer.« Denn genau darum geht es: um den Oberchecker. Tragen wir ihn vielleicht unter dem Teppich, aber kehren wir ihn nicht unter denselben!

Auf dem Weg zur Entscheidungsgemeinde

Jesus hatte es mit Bildern, Gleichnissen und dabei mit Wein. Nicht nur bei der Hochzeit von Kana, sondern auch in anderen Kontexten. So heißt es im Matthäusevangelium: »Auch füllt man nicht neuen Wein in alte Schläuche. Sonst reißen die Schläuche, der Wein läuft aus und die Schläuche sind unbrauchbar. Neuen Wein füllt man in neue Schläuche, dann bleibt beides erhalten.«

Diese Gedanken seien dem Kapitel vorangestellt, soll es doch darin um den zaghaften Versuch einer etwas anderen Form von Gemeinde gehen. Anders, als wir sie bisher kennen. Eine Gemeinde hat wenigstens eine Kirche als sichtbaren Ort der Versammlung. War vor Jahrzehnten und Jahrhunderten der Bau einer Kirche das sichtbare Zeichen für eine neue Gemeinde, so träumen heute nicht wenige davon, nur noch eine Kirche für ihre Gemeinde zu haben. Ein Pfarrer gehört dazu und die Gremien von Kirchenvorstand und Pfarreirat. Eine Frauengemeinschaft und Jugendgruppen, vielleicht einige Verbände und ein Pfarrheim. Meist auch noch ein oder mehrere Kindergärten. Diese äußeren Konstanten gelten dann für ein fest umrissenes Pfarrgebiet. Jeder katholisch Getaufte, der in diesem Gebiet wohnt, ist automatisch Mitglied dieser Gemeinde St. XY, wenn er/sie nicht ausgetreten ist.

Über Generationen haben Pfarrgemeinden ausgezeichnet funktioniert. Sie entsprachen den Lebensgewohnheiten der Menschen. Hieß es früher: »Hier bin ich, hier bleibe ich, hier baue ich«, können das heute immer weniger Menschen sagen. Soziale und wirtschaftliche Umstände lassen eine solche Aussage immer weniger zu. Heute heißt es eher: »Jetzt bin ich hier, wie lange ich bleibe, kann ich noch nicht sagen.« Wir sprechen von einer mobilen Gesellschaft, mobil auch in existenziellen Dingen: Ehen werden später geschlossen – wenn überhaupt – und sind instabiler, die Zahl der Kinder ist kleiner geworden, Projekte statt langfristige Bindungen bestimmen auch das Freizeitverhalten.

Wenn es inmitten dieser großen Veränderungen eine Institution gibt, die für Unveränderlichkeit steht, dann ist das vielleicht am ehesten die katholische Kirche. Dabei ist das nicht nur beklagenswert. In einer schnelllebigen Zeit sehnen sich nicht wenige Menschen nach Beständigkeit. Gleichzeitig wird oft ein Beharrungsvermögen beklagt. Die Grenze muss dabei nicht zwischen zwei klar umrissenen Gruppen verlaufen, sie kann sich je nach Thema verändern. Wer gerade noch für das Priestertum der Frau ist, kann sich umgekehrt starkmachen dafür, dass der Vater die Tochter dem Bräutigam bei der Hochzeit übergibt – und wir sprechen hier von einer Kirche und nicht von einer Moschee.

Die immer kleiner werdende Gruppe der Aktiven in den Gemeinden sucht manchmal ihr Heil in der Vergangenheit, in der das bekannte Konzept funktioniert hat. Damals, als wir noch eine Pfarrfamilie waren, eine Pfarrkirmes mit Dosenwerfen und allem anderen Drumherum organisiert haben, als Menschen zur Vorträgen und Diaabenden kamen. Nicht selten bleiben eher konservative Menschen übrig, die dann auch das weitere Erscheinungsbild bestimmen. Es ist eine enorme Herausforderung, sich das, was über Generationen gute Dienste getan hat, anders vorzustellen. Verlusterfahrungen der letzten Jahrzehnte, Sorgen vor der unbekannten Zukunft, gewohnte Abläufe, mangelnde Fantasie, begründete Skepsis und ausreichende Beschäftigung mit dem Vorhandenen, das sind alles Faktoren, die dem Bestehenden in die Hände spielen und Neues behindern. Ja, ich wiederhole mich, den Wunsch, es möge wieder so sein wie vor dreißig Jahren, den kann ich sehr gut verstehen.

Aber dürfen gewohnte Strukturen die einzigen Kriterien sein auf dem Weg in die Zukunft? Wenn diese Frage an die Kirche gestellt wird, dann darf sie auch von der Kirche gestellt werde: Dürfen gewohnte Erwartungen Fernstehender bestimmen, wie wir zu bleiben haben? Wie oft ist gerade diese Gruppe enttäuscht, wenn sich etwas in der Kirche geändert hat, denn die Veränderung hat man weder mitbekommen noch mitentschieden und eigentlich ist man doch gekommen, um das Traditionelle zu erleben. Wer nur noch die Lieder »Großer Gott wir loben dich« und »Lobe den Herren« kennt, der wird sich mit neuem geistlichen Liedgut schwertun und erst recht mit anderen Veränderungen.

Zu lange arbeiten wir defizitorientiert: weniger Kirchenmitglieder, weniger Gottesdienstbesucher, weniger Hauptamtliche, weniger Ehrenamt, weniger Wahlbeteiligung bei den Gremienwahlen, kleiner werdende Verbände, Schließung von Bildungseinrichtungen, weniger Gemeinden, weniger Kirchen. Was wirklich wächst, sind die Mitgliedszahlen bei den Pfarrgemeinden. Dies aber nicht, weil mehr Menschen kämen, sondern weil Gemeinden zusammengelegt werden, Kirchen geschlossen und so sich die Arbeit für die weniger werdenden Hauptamtlichen besser organisieren lässt. All das sind Reaktionen auf Veränderungen, gegen die viele oft vergeblich angearbeitet haben. Citypastoral und Jugendkirchen sind z. B. Projekte, mit denen Neuland betreten wurde, mit denen Kirche nicht nur durch Rückzug auf Veränderungen reagiert, sondern selber agiert und neue Wege zu den Menschen sucht.

Diese Projekte sind ein Hinweis auf das, was eigentlich selbstverständlich ist, was wir ständig erleben, doch was »uns Kirche« trotzdem so schwerfällt: Veränderung ist möglich. Das zeigt uns eine sich schnell verändernde Welt tagtäglich. Veränderung bei sich ist und bleibt aber das Schwerste für jeden Menschen und jede Institution. Ist Anderes denkbar, vorstellbar, erlaubt? Haben wir ein Modell für eine veränderte Welt und Kirche, in der immer weniger Menschen Gemeindechristen sind und sein wollen? Auch wenn die meisten Menschen es längst praktizieren, ist »religiös auf Zeit« für uns denkbar und haben wir ein Angebot für diese Menschen? Die Praxis der Menschen und unsere Struktur der Territorialgemeinden sind immer weniger kompatibel.

Was wäre, wenn es eine andere Form von Gemeinde gäbe? Eine, die nicht territorial umschrieben ist? Eine, die sich rein äußerlich zunächst einmal nur über einen Kirchort definieren würde? Ein Kirchengebäude macht aber noch keine Gemeinde aus. Was aber ist das Fundament einer katholischen Gemeinde? Es setzt sich zusammen aus der Heiligen Schrift, dem Glaubensbekenntnis, den sieben Sakramenten und der Verbundenheit mit Papst und Bischof. Die Menschen dieser Gemeinde, die zunächst einmal nur ein Gebäude und ein theologisches Fundament hat, wären nicht automatisch diejenigen, die in einem definierten Gebiet um diese Kirche wohnen, sondern ausschließlich Menschen, die sich für diese Gemeinde entscheiden. Ganz bewusst steht hier nicht »katholischen Christen«. Ich meine jeden Menschen, der gerne dazugehören möchte, ohne Bedingungen. Selbst, wenn man vielleicht noch gar nicht getauft ist. Es zählt allein der Wunsch, Teil dieser Gemeinde zu sein, die auf dem Fundament von Evangelium, Glaubensbekenntnis sowie Verbundenheit mit Papst und Bischof gründet. Der Empfang der Sakramente ergibt sich erst aus der Zusage, wie sehr ich mich in eine gelebte Form der Sakramente begebe. Ich lasse mich erst dann taufen, wenn ich den Glauben auch wirklich im Alltag leben will, und lasse meine Kinder auch erst dann taufen, wenn ich ihnen den Glauben weitergeben will.

Es gibt zwei Blickrichtungen: eine Sicht nach innen und eine nach außen. Bei dieser Gemeinde wäre die Blickrichtung nach außen eine grenzenlose. Es würde so etwas wie der Resetbutton gedrückt und wir gingen mit diesem Gemeindemodell zurück auf Los, an den Anfang. Die Apostelgeschichte ist dafür ein guter Leitfaden. Wendeten sich die Apostel zunächst nur an die Juden, gab es irgendwann die Diskussion, ob auch Heiden berufen seien (Apg 11,1). Mit diesem Schritt tat die Urgemeinde etwas für viele Ungeheuerliches, indem sie Nichtjuden die Türen öffnete. Von Augustinus ist das Wort: »Viele, die drinnen sind, sind draußen, und viele, die draußen sind, sind drinnen.« Diese vielen, die draußen sind und gerne drinnen wären, die sind damit gemeint. Dem könnte man entgegenhalten, dass eine Taufe doch schnelle Abhilfe leisten und man so Vollmitglied werden kann. Doch so einfach ist das nicht.

»Viele, die drinnen sind, sind draußen.« Damit meint Augustinus, dass es eben Getaufte gibt, die aber nicht aus der Taufgnade heraus leben. Ist es nun beruhigend oder beunruhigend, dass es das Problem der Karteileichen schon immer gab? Bischof Heiner Koch wurde einmal gefragt, wie es denn als Bischof in Dresden sei, wenn man aus dem katholischen

Köln komme? Darauf soll er geantwortet haben, dass es im Osten nicht weniger Christen gäbe, nur weniger Getaufte. Ich kann mir vorstellen, dass es eine Gemeinde gibt, die zunächst einmal aus Menschen besteht, die sich ausdrücklich für diese Gemeinde entschieden haben. Sie wissen um das Fundament, aber sie entscheiden sich eben nicht nur für diese Gemeinde, sondern sie entscheiden auch, wieweit sie bei dieser Gemeinde mitmachen. Es gibt nicht nur »ganz« oder »gar nicht«, sondern eine gestufte Nähe.

Was wir dafür brauchen: Gebäude (Kirche), Bibel, Glaubensbekenntnis, sieben Sakramente, Gemeinschaft mit Bischof und Papst und die Menschen, die sich für diese Gemeinde entschieden haben. Da für einige der Sakramente ein Priester benötigt wird, gibt es auch einen zuständigen Priester. Was es dann noch geben wird, das entscheidet nicht die Tradition, sondern die Sehnsucht der Menschen. Es gibt sicher eine Gruppe, die am Sonntag eine Eucharistie feiern möchte, und diese Menschen entscheiden, wann sie dies tun. Eine weitere Eucharistie sollte sich nicht aus der Bequemlichkeit ergeben, sondern aus der Notwendigkeit, weil nicht mehr alle Menschen in die Kirche passen. An der Stelle dürfen Sie ruhig lachen, das tue ich auch. Lachen wir aber umgekehrt auch darüber, dass wir in manchen Gemeinden drei, vier, fünf oder mehr Messen feiern in Kirchen, die nur schwach besetzt sind?

Vielleicht gibt es auch eine Gruppe, die nicht unbedingt zur Messe kommen möchte, sich aber gerne einmal im Monat am Sonntagabend trifft, um den Übergang in die Woche zu gestalten. Diese Menschen treffen sich in einer reservierten Gaststätte. Sie hören das Evangelium des Sonntags, beten vor dem Essen, essen dann gemeinsam. Sie sprechen über das Gehörte und darüber, was es mit ihrem Leben ab Montag zu tun haben könnte. Ein Austausch von Fürbitten, durch die man einander in der nächsten Zeit begleitet, und ein Vaterunser beenden das monatliche Treffen. Da es keine Messe ist, braucht es keinen Priester. Menschen, die sich dafür verantwortlich fühlen, organisieren diese Art von Gottesdienst. Möglicherweise gibt es unter den gut neunzig Prozent Katholiken, die nicht zur Sonntagsmesse gehen, und der noch viel größeren Zahl der Nichtkatholiken Menschen, für die ein solches Angebot einmal im Monat willkommen wäre.

Ich glaube eher nicht, dass sich eine solche Gemeinde am Werktag zur Eucharistie versammelt. Der Sinn einer Eucharistie am Werktag steht damit nicht zur Debatte und hängt keineswegs allein an der Anzahl der mitfeiernden Menschen. In meiner letzten Gemeinde kamen im Durchschnitt zwanzig Personen am Werktag zur Messe. Und für diese tägliche Messe, die 0,02 Prozent der Gemeindemitglieder besuchten, brauchten wir drei hauptamtliche Kräfte: Küster, Organistin, Priester.

Die Territorialgemeinde ist geformt nach dem Prinzip einer christlichen Gesellschaft. Eine Entscheidungsgemeinde wäre geformt nach dem Prinzip der Sehnsucht. Das bisherige Modell ist allen Untersuchungen und Beobachtungen nach für suchende Menschen wenig ansprechend. Vieles, das lange gute Dienste getan hat, wird weitergeführt, und dazukommenden Menschen wird meist angeboten, sich darin einen Ort zu suchen, sich darin einzufügen. Nur glaube ich immer weniger, dass das der Sehnsucht suchender Menschen entspricht. In einer Entscheidungsgemeinde würde erst über weitere Gottesdienste gesprochen, wenn der Gottesdienst überhaupt gewollt wird. Vom Selbstverständnis her soll es nicht darum gehen, Traditionelles durch Hauptamtliche möglichst zeitgünstig anzubieten. Nicht Betreuungspastoral für eine immer kleiner werdende Gruppe steht am Anfang, sondern die Frage der Suchenden und wie sie selbst als Hauptakteure tätig werden. Wenn Menschen im Mai oder Oktober eine Marienandacht feiern wollen, dann sollen sie das tun, aber es wird nicht deswegen angeboten, weil es das immer schon gab, und dann dafür geworben, dieses Angebot mit Menschen zu füllen. Das war bei Jesus auch schon so: Nicht der Mensch ist für den Sabbat da, sondern der Sabbat für den Menschen.

Überall spricht man davon, dass die Religion wiederkomme und Menschen danach suchen würden. Ist das so? Wenn ja, dann geht diese Suchbewegung weitestgehend an unseren Angeboten in den Gemeinden vorbei. Eine Entscheidungsgemeinde wäre eine Gemeinde, die nicht gegründet wird in bekannten und klar umrissenen Strukturen. Wäre nicht eine, die sich umsieht und es dann ähnlich der Nachbargemeinde macht. Würde nicht noch einmal dasselbe anbieten. Es wäre eine Gemeinde im Werden! Was wachsen könnte, erwächst aus den gestellten Fragen, aus der Sehnsucht. Entscheidend wäre, dass die Antworten nicht vorgegeben, sondern gesucht werden. Das hieße auch, mögliche Antworten werden von denen gegeben, die sie gefunden haben, und dann auch von ihnen umgesetzt.

Doch die erste Antwort, die eine solche Gemeinde den Suchenden gibt, ist nicht das Angebot eines Sakramentes. Zwei Drittel der deutschen Gesellschaft sind sakramentalisiert durch die Taufe und Kommunion oder Konfirmation. Gleichzeitig schwindet die Kenntnis und Praxis des Glaubens unübersehbar. Wirken unsere Sakramente nur noch so sehr im Verborgenen, dass wir es nicht mehr erkennen können? Oder sind sie einfach für viele Empfänger nicht mehr lebensdienlich? In einer gewandelten Zeit haben wir zwar unsere Sicht auf die Welt verändert und auch die Theologie mancher Sakramente neu definiert. Was wir zu wenig getan haben, ist, unser Angebot zu ändern, den veränderten Bedürfnissen der Menschen anzupassen.

Ein Bäcker, dessen Kunden zwar noch sein Brot kaufen, es aber nicht mehr essen, kann unterschiedlich reagieren. Entweder er lässt alles beim Alten, denn eigentlich muss er ja nichts ändern, ist am Ende des Tages seine Kasse doch gefüllt, und er kann davon leben. Schließlich wird sein Brot gekauft, und wenn die Kunden es nicht essen, so ist das nicht sein Problem. Oder aber er geht hin und ändert sein Angebot. Für die Kunden, die gerne Vollkornbrot kaufen, bleibt dieses weiterhin im Angebot, und für die, denen das zu hart ist, bietet er ein leichteres Produkt an. Jetzt mag der Vollkornkäufer sagen, dass sein Brot aber wirklich sättigt, das leichtere Produkt hingegen nicht lange vorhält, und er hat recht damit. Da das Vollkornbrot, sprich die Sakramente, jedoch von vielen Kunden zwar gekauft, aber nicht gegessen wurde, erübrigt sich die Frage nach der langfristigen Sättigung. Ist eine leichtere Variante für die, die diese dann wenigstens essen, nicht ein besseres Angebot?

Eine Entscheidungsgemeinde wäre eine Bäckerei, die nicht nur Vollkornbrot hat. Es gibt nicht das eine Angebot, sondern die unterschiedlichsten, abgestimmt auf den Hunger und Appetit der Kundschaft. Streng genommen ist es sogar so: Es gibt nicht mehr den einen Bäcker und seine Gesellen, die bestimmen, welches Brot gebacken wird. Die Kunden selbst arbeiten in der Bäckerei mit. Zum Beispiel: Ein Paar will sein Kind taufen lassen. Es wohnt in der Nähe der entsprechenden Pfarrkirche oder hat von dieser Gemeinde gehört. Unabhängig davon, ob sie Mitglieder der Kirche sind, werden alle Kinder, deren Eltern darum bitten, in einem Gottesdienst unter den Segen Gottes gestellt, bevor sie getauft werden. Sollten Eltern ihr Kind auch taufen lassen wollen, wird erst jetzt gefragt, ob die Eltern selber getauft und Mitglieder der Kirche sind. Dann schließt sich ein Katechumenat für die Eltern an. So etwas können am besten Eltern für andere Eltern machen, die selbst Kinder schon religiös erzogen haben. Nachdem die Eltern sich mit der religiösen Erziehung vertraut gemacht haben, wird ihr Kind getauft. Jetzt erst wird ihnen die Frage aus dem Taufritus gestellt: »Wollen Sie Ihr Kind im Glauben erziehen?«

Der Zuspruch Gottes in Form einer Segensfeier erreicht jeden Menschen, der sich an die Kirche wendet. Der Anspruch, selbst ein aktiver Teil dieser Glaubensgemeinschaft zu sein, wird erst gestellt, sobald man sich an diese Gemeinschaft durch die Taufe bindet. Wie man den Glauben weitergeben kann, ist erst dann das Thema, wenn man dies ausdrücklich verspricht. Taufe und Glaube fallen faktisch zusammen. Der Priester wäre erst gefragt, wenn es um das Sakrament der Taufe geht. Alles vorher können getaufte Christen tun. Segnung und Taufe wären dann nicht Teil einer Dienstleistung, sondern aktive Elemente von der versorgten zur sorgenden Gemeinde. Wenn ein Kind Mitglied dieser Gemeinde werden soll, dann wird es das durch das aktive Mittun der Eltern. Durch eine Entscheidung, die auf der Tat, nicht allein auf einem Versprechen fußt. Ist denen das zu viel, können sie es bei der Segnung belassen. Damit kämen sie nicht in die Bredouille, etwas versprechen zu müssen, was sie nicht halten.

Im Evangelium folgen noch lange nicht alle Menschen Jesus nach, denen er begegnet. Nicht einmal viele, denen er hilft, sind ihm deswegen gefolgt. Letztlich ist es nur eine kleine Gruppe. Doch jeder Mensch bekommt seinen Zuspruch. Erst wenn er ihm folgen will, wird er auch mit seinem Anspruch konfrontiert.

Ähnlich könnte es auch sein, wenn Eltern für ihre Kinder um eine Einführung in den Glauben bitten, um Vermittlung von Worten aus dem Glauben und ein Fest des Glaubens. Mit allen kann ein Segensgottesdienst gefeiert werden. Ein Fest der Tauferinnerung könnten diejenigen feiern, die getauft sind. Die Erstkommunion selbst wäre dann ein Fest für die Kinder, die mit ihren Eltern an der sonntäglichen Eucharistiefeier teilnehmen und diese kennen. Dabei sind diese Feste nicht mehr ausschließlich an das 3. Schuljahr gebunden. Warum sollte nicht ein Kind auch schon früher zur Kommunion gehen, wenn es ohnehin mitgeht zur Messe? Das ist nicht neu und gab es schon früher bei der sogenannten Frühkommunion.

Die Vorbereitung erfolgt bei der Kommunion durch die Praxis, die durch einige Katechesestunden ergänzt wird. Familien werden dafür nicht jahrgangsweise angeschrieben. Sobald eine Familie Interesse anmeldet, kann man am Sonntag fragen, ob es noch weitere Familien mit demselben Anliegen gibt. Sein Kind jedoch nur zur Gemeinde bringen, damit andere es vorbereiten, das würde der Idee dieser Entscheidungsgemeinde widersprechen. Die Familien tun sich zusammen, bei der Katechese und dem Fest. In Einzelfällen habe ich so etwas schon erlebt, als sich gerade Familien, die ihr Leben bewusst aus dem Glauben heraus gestalten, von der jahrgangsweisen Kommunionvorbereitung abgemeldet haben. Sie haben ihre Kinder alleine vorbereitet und diese sind dann in einer normalen Sonntagsmesse zur Erstkommunion gegangen. In der Familie gab es ein großes Fest, in der Kirche allerdings nicht das traditionelle, sehr wohl aber eine besondere Form für das Kind und seine Familie inmitten der Gemeinde.

Die Entscheidungsgemeinde würde sich auszeichnen durch eine Ungleichzeitigkeit und Individualität: Kindertaufe – drittes Schuljahr Erstkommunion – als Teenager Firmung: Schluss mit dem Sakramentenautomatismus, der viel zu selten Entscheidungen oder Gewissheiten folgt, sondern Geburtsjahren und Stichtagen.

Das bedeutet: Nicht alle bekommen das Gleiche zur selben Zeit. Man muss ja nicht gleich so weit gehen wie im zehnten Kapitel der Apostelgeschichte, wo berichtet wird, dass der Geist Gottes auf die Heiden herabkam und sie erst anschließend getauft wurden, also Firmung vor Taufe. Erstaunlich, wie wenig sich der Heilige Geist an die Vorgaben der Kirche gehalten hat. Erschreckend, wie wenig wir uns nach einem solchen Vorgehen des Heiligen Geistes heute selbst zutrauen.

Was für Taufe und Erstkommunion gilt, gilt natürlich auch für die Ehe. Zu uns kommen Menschen, die sich lieben und den Segen Gottes erbitten für diese Liebe, in der Hoffnung, sie möge ein ganzes Leben lang halten. Ob diese Menschen schon immer gleich eine sakramentale Ehe schließen möchten, muss geklärt werden. Es kann uns als Kirche doch nicht egal sein, dass freie Hochzeitsgestalter keineswegs nur Ungetaufte oder Ausgetretene vor sich stehen haben. Deren Paare haben oft nichts gegen ein Gebet oder einen Segen. Das ist großartig, nur: Warum wenden sich diese Menschen nicht an uns, ihre Gemeinde?

Die Entscheidungsgemeinde ist keine Verlegenheitslösung für pastorale Mangelerscheinungen. Sie wurzelt in der Erkenntnis, dass zu einem robusten, einem lebendigen Glauben die Entscheidung gehört. Die Entscheidungsgemeinde umfasst alle Ebenen des gemeinschaftlichen Lebens, der Glaubenspraxis, des sakramentalen Umgangs. Man entscheidet sich für sie und sie berührt alles Entscheidende im Leben, in unserem Leben. Dazu kann die Taufe gehören, die am Anfang des Lebens steht oder stehen kann. Aber auch das Ende des Lebens wird einbezogen, das Sterben und Abschiednehmen. Norbert Elias hat in seinem Buch »Über die Einsamkeit der Sterbenden in unseren Tagen« geschrieben: »Der Mensch wird alleine gelassen, gerade dann, wenn er Hilfe braucht, im Moment des Sterbens – und auch nach dem Tod.« Die Entscheidungsgemeinde wäre eine Gemeinde vom Anfang des Lebens bis zum Ende. Ein Team von Gläubigen, entsprechend geschult und vorbereitet, könnte schon beim Sterben begleiten, den Sterbenden vor dem Schmerz der Einsamkeit bewahren. Und wer im Sterben begleitet hat, der ist möglicherweise auch ein geeigneter Mensch, um die Beerdigung zu übernehmen. Die Gemeinde beerdigt ihre Toten und einmal im Monat feiert der Priester eine Messe für alle Verstorbenen. Gemeinschaft über den Tod hinaus, wie wir es ja auch bekennen.

Man kann ahnen, was das bedeutet: Eine Entscheidungsgemeinde sollte mit so wenig Hauptamtlichen arbeiten wie möglich. Eine Küsterin beispielsweise braucht es nicht mehr für jede Hochzeit, stattdessen treffen sich alle Ehepaare eines Jahres und verteilen untereinander, wer für wen die Vor- und Nachbereitung der Kirche übernimmt. So begegnen sie sich im gemeinsamen Thema und helfen einander, bilden Gemeinde.

Damit wäre das geschafft, was doch herbeigerufen wird: Die ehrenamtlichen Gläubigen wären nicht nur Laienschauspieler, sondern alle Getauften, die sich engagieren, sich für die Gemeinde entscheiden, würden die Verantwortung in der Seelsorge übernehmen – für sich und für einen Teil der Gemeinde. Ein Priester wäre für die originär priesterlichen Aufgaben da. Der Blick von dieser Gemeinde in die Welt wäre ein unbegrenzter, jeder kann in Kontakt treten und sich an diese Gemeinde wenden und sich ihr anschließen. Jeder, der etwas von Kirche will, wird auch einen Zuspruch bekommen. Das ist für mich katholisch: umfassend, im Sinne von offen für jeden. Nicht Schafen hinterherlaufen, die sich gar nicht verloren fühlen. Sondern selbst Anlaufpunkt sein für Menschen, die kommen wollen.

Der Blick auf diese Gemeinde von außen wäre ein differenzierter, ein gestufter. Diese Gemeinde steht auf dem Fundament der Heiligen Schrift, und wer sie sieht, der sieht als ihren Hintergrund den Gott Jesu Christi und die große Gemeinschaft der katholischen Kirche. Der erste Kontakt und Zuspruch ist bedingungslos. Daraus muss auch keine »Mitgliedschaft« entstehen. Getrost darf man wieder gehen, so wie viele Menschen es nach der Begegnung mit Jesus auch getan haben. Im Evangelium folgen noch lange nicht alle Menschen Jesus nach, denen er begegnet. Nicht einmal »viele« und schon gar nicht viele, denen er hilft, schließen sich ihm an. Letztlich ist es nur eine kleine Gruppe. Doch alle bekommen seinen Zuspruch. Erst wenn sie ihm folgen wollen, werden sie auch mit seinem besonderen Anspruch konfrontiert. Der Weg der Entscheidungsgemeinde ist keine pastorale Kapitulation und nur etwas für Glaubenslahme. Es ist der Weg, den Jesus selbst gegangen ist und vorgezeichnet hat.

Wer diesen Weg mitgehen und Sakramente empfangen möchte, also selbst Kirche sein und Christus nachfolgen will, der wird mit dem Anspruch des Evangeliums konfrontiert, aber erst dann. Von Kirche etwas wollen wird beantwortet mit Zuspruch, Kirche sein wollen mit Anspruch. Eine lebensdienliche Religiosität und Pastoral, die aus den Fragen und Bedürfnissen der Menschen wächst. Alltagstaugliche Rituale für die unterschiedlichen Menschen. Traditionen werden nur dann weitergeführt, wenn sie Relevanz für das Leben der Menschen haben. Respekt aus Sicht der Gemeinde davor, wenn Menschen nicht voll mitmachen, und Respekt aus Sicht der Menschen davor, dass nicht jeder alles gleichermaßen bekommt. Gemeinde ist informativ am Anfang und möchte mit jedem Schritt weiter hinein auch formativ werden für das Leben der Menschen. So werden die Getauften auch zu Zeugen.

Jesus ist in seinem Handeln dabei das ideale Vorbild für das Selbstverständnis einer solchen Gemeinde. Mit offenen Augen und Armen ging er durch seine Zeit und Welt und scheute den Kontakt mit niemandem. Wer Heilung brauchte, Hunger hatte, Hilfe benötigte, der bekam seinen Zuspruch, ohne Wenn und Aber. Der Bedingungslosigkeit seiner Liebe folgt manchmal die Einladung der Nachfolge. Das hat nichts zu tun mit Beliebigkeit, sondern Entschiedenheit. Nicht mit Indifferenz, sondern Differenz. Wer nicht will, der muss auch nicht. Wer will, der soll auch wirklich wollen. Die Entscheidung formuliert einen Anspruch. Anspruch auf beiden Seiten.

Jesus ist Tausenden begegnet, gerade einmal einige Hände voll Frauen und Männer sind ihm gefolgt. Einige Menschen berief er als Jünger in seine Nachfolge. Diese sahen sich von ihm ausgesandt, selbst Boten der guten Nachricht bei den Menschen zu sein. Berufen, um zu rufen. Wie zerbrechlich selbst diese Gruppe war, davon sind wir Zeugen am Karfreitag und selbst noch an den Tagen nach Ostern. Eine Gruppe voller Zweifler, die es selbst kaum glauben kann, dass Jesus der Christus ist, von den Toten auferstanden, und lebt.

In der Kirche werden, theologisch vollkommen richtig, an die Spendung der Sakramente Bedingungen geknüpft, die alle versprechen und immer weniger einhalten. Abgesehen von Caritas gibt es bei uns zu viel »ganz oder gar nicht«. Es müsste doch etwas zwischen »ganz« und »gar nicht« geben. In einer etablierten Gemeinde lässt sich parallel ein solches Suchen und Versuchen, Denken und Leben nicht entwickeln. Zu viele Gewohnheiten und Traditionen, die manchmal noch tragen und oft auch ertragen werden müssen, stehen dazwischen. Das klingt hart, ist aber auch Erfahrung.

In einer sich neu gründenden Gemeinde wäre eine gestufte Nähe und auch Distanz dagegen viel leichter zu leben. Zurück auf Los eben und wirklich loslegen. Mit marktgängigen Angeboten sollte sich eine solche Gemeinde auch an die Menschen auf dem Marktplatz des Lebens wenden und missionarisch sein. Segnungsgottesdienste zum Valentinstag oder die Aktion »Night fever« sind zum Beispiel solche offenen Angebote, die es heute schon gibt. Präreligiöse Wünsche und Sehnsüchte sollten Kirche nicht unberührt lassen. Bietet eine traditionelle Gemeinde Fahrten für ihre Mitglieder an, könnte eine solche Gemeinde leichter fernstehende Menschen ansprechen. Warum nicht einmal mit Agnostikern und Atheisten nach Israel fahren?

Mir ging das lange selbst so. Ich habe es auch nicht verstanden, bis eine Agnostikerin an mich herantrat und zu mir sagte: »Ich glaube nicht, was du glaubst, aber ich glaube dir, wenn du glaubst, was du sagst. Ich würde gerne mit einem glaubenden Menschen durch Israel fahren, auch wenn ich nicht glaube. Aber mit deinen Augen sehen, das würde ich gerne einmal in Israel.«

In der Entscheidungsgemeinde wäre jeder frei, nur das zuzusagen, was er auch meint, halten zu können und zu wollen. Ein Verweis auf die Haltbarkeit der Zusagen bei den Aposteln kann ganz befreiend sein, und doch sollte der Versuch, die erwartete Konsequenz, deutlicher sichtbar werden.

Das Leben der Menschen und die Lehre der Kirche gilt es wieder stärker anzunähern. Warum zum Beispiel nicht Menschen segnen, die nicht kirchlich heiraten möchten oder zumindest jetzt noch nicht? Warum das Kind von Eltern nicht segnen, die die Erziehung im Glauben ehrlicherweise nicht versprechen können oder wollen? Und ja, ich finde es mindestens fragwürdig, zu argumentieren, dass in solch einem Fall die Menschen nicht mehr unterscheiden könnten, ob sie nun ein Sakrament empfangen hätten oder nicht. Wie viele wissen das heute?

Jetzt heißt es: Bei uns gibt es nur die sakramentale Form. Ob ihr das versteht oder wollt oder euch das egal ist, spielt keine Rolle. Wir sind auf der sicheren Seite. Solltet ihr das notwendigerweise Versprochene – »Wir versprechen, unser Kind im Glauben zu erziehen«, »Tut dies zu meinem Gedächtnis« und »Bis dass der Tod uns scheidet« – dann nicht einhalten, sind wir immer auf der sicheren Seite. Wir haben niemanden gezwungen, aber wir haben auch keine Alternative im Angebot!

Ich finde das fragwürdig. Geschieht bedingungslose Zuwendung denn nur sakramental? Und wenn der Erfahrungsraum des Christusgeschehens nicht spürbar wird, weil es die Menschen im Moment vielleicht noch überfordert, tragen wir dann nicht eine Mitschuld daran? Bringt unsere Art von Kirchesein Menschen nicht manchmal darum, Christen werden zu können? Sind wir nicht auch in einer Bringschuld?

»Ganz oder gar nicht« überfordert letztlich jeden Menschen. In der frühen Kirche und auch bei der heutigen Erwachsenentaufe gibt es das Katechumenat, das hineinführt in das Christsein und die Gemeinschaft der Getauften. Nach der Auflösung einer christlich geprägten Gesellschaft wird die Kindertaufe immer fragwürdiger. Angebot und Bedürfnis stimmen immer seltener überein. Das Recht des steuerzahlenden Mitglieds auf und der Wunsch nach einem Kindergartenplatz tun das Übrige dazu. Zuspruch immer, Anspruch ist jedoch ein wechselseitiges Geschehen.

Der Anspruch, der von der Gemeinde gestellt wird, ist auch einer, der sich in der Ausübung der Taufgnade in der konkreten Seelsorge zeigen sollte. Geweihte Menschen haben die Berufung zur Seelsorge. Auch speziell Ausgebildete haben die Qualifikation dazu. Aber ist es nicht letztlich die Taufe, die jeden beruft, Seelsorger oder Seelsorgerin für den anderen zu sein? Das Evangelium als Richtschnur ist in der öffentlichen Wahrnehmung manchmal ein Handlungsleitfaden für die Vertreter der Amtskirche geworden. Ob Jesus dieses oder jenes so gewollt hat, ist eine Frage, die in der Kirche oft nur nach oben gestellt wird, zum Beispiel wie ein Pfarrer wohnt oder welches Auto ein Bischof fährt. Der Maßstab des Evangeliums gilt für die Getauften und nicht erst für die Geweihten. Allerdings wird umgekehrt die Verantwortung für Kirche auch von oben zu oft an die Weihe und nicht an die Taufe gebunden. Das Evangelium ist nicht nur ein Leitfaden für Menschen in Klöstern, Pfarr- und Bischofshäusern. Es ist ein Leitfaden für die Häuser von Christen!

In diesem Sinne wäre es nur stringent, wenn die Leitung einer solchen Gemeinde nicht abhinge von einem Geweihten. Die wenigen skizzierten Aspekte einer Entscheidungsgemeinde lassen die Vermutung zu, dass der zuständige Priester viel Zeit für Seelsorge hätte. Die kirchliche und weltliche Situation bieten sicher genügend Möglichkeiten. Eine Equipe von interessierten Männern und Frauen, zu der auch der Priester gehört, könnte am Anfang einer solchen Gemeinde stehen. Ausgehend vom Evangelium, ausgerichtet auf Gott und die Welt, nicht wissend, was daraus werden kann, vertrauend auf den Geist Gottes in ihrer Mitte. Mit einer Idee unterwegs, wissend um die Zerbrechlichkeit dieser Idee und getragen von der Sehnsucht. Diese Equipe entscheidet gemeinsam, wie sie auf die an sie herangetragenen Wünsche der Menschen reagieren, denn sie haben Teil an der Leitung.

Warum eine solche Idee nicht einfach mal groß denken, statt die Katastrophe des Scheiterns gleich mit einzuplanen? Mut und Vertrauen auf IHN setzen und den Weg dennoch klug begleiten lassen durch Teamentwicklung, Supervision und, nicht zu vergessen, durch Gebet. Natürlich wird es Momente des Scheiterns, der Rückschläge, der Enttäuschungen geben. Es wird sich herausstellen, dass etwas nicht so ging, wie man theoretisch dachte, aber praktisch hat sich dafür ein anderer Weg eröffnet. Die Apostelgeschichte ist wie ein Lehrbuch für Anfänger. Die Protagonisten kamen aus einer uralten Tradition, mit unglaublich viel Geschichte, und standen vor der Aufgabe, Neuland unter den Pflug zu nehmen.

Versuchen erhöht das Risiko des Scheiterns. Wie sagt Homer in der Comicserie *Die Simpsons* zu seinem Sohn Bart: »Wenn es eins ist, was ich im Leben gelernt habe und dir weitergeben kann, dann das: Versuchen kommt von Versagen. Also mein Sohn, versuche es erst gar nicht!«

Was brauchen wir denn großartig, um Christen zu sein? Die Heilige Schrift, Wasser, Brot, Wein und Menschen. Wir sind vom Ursprung her mit leichtem Gepäck unterwegs. Damals waren die Jünger gestärkt mit der Geschichte des Alten Testamentes und der Botschaft Jesu. Daraus haben sie das Neue Testament gemacht. Wir sind gestärkt durch Altes Testament, durch Neues Testament und durch zweitausend Jahre an Erfahrung. Das Gute daraus sollten wir bewahren. Vieles aber dürfen wir auch loslassen, damit wir die Hände freibekommen für Neues.

Was passiert, wenn neue Wege gesucht werden? Wenn etwas anfängt, von dem nicht alle weiteren Schritte schon bekannt sind? Wenn alte Wege verlassen werden? Es wird Menschen geben, die warnend die Stimme erheben. Gibt es eigentlich eine Untersuchung, wie viele Start-up-Unternehmen scheitern, wie viele Expeditionen ihr Ziel nicht erreicht haben? Gibt es bestimmt! Die Quote der Misserfolge dürfte höher liegen als die der Erfolge. Warnungen gilt es zu hören und daraufhin abzuhören, wo sie weitsichtig und erfahren klingen. Wenn die Warner jedoch allein das Sagen hätten, wie sähe unsere Welt dann heute aus? Das Neue muss eine Chance bekommen, nicht gegen die Warner, sondern mit ihnen. Solche Menschen sind wahrscheinlich die besseren Trauerredner, denn am Ende ist jemand gestorben. Aber bei Hochzeiten sollte man sie nicht zu Wort kommen lassen, denn sie könnten dem Paar sagen, dass auch sie der Routine des Alltags nicht entkommen werden, dass Langeweile Bestandteil des Lebens wird, dass sie nicht alles wissen können, was geschehen wird, und, und … alles im Sinne von: Versuchen kommt von Versagen.

Als Menschen sind wir begrenzt und endlich. Als Kirche stehen wir für das Überzeitliche und dennoch bleibt, was wir hier schaffen, etwas Vergängliches. Diese Diskrepanz unterscheidet uns als religiöse Gemeinschaft von allen anderen Gruppen und Gemeinschaften. Es sollte uns aber nicht entmutigen, im Endlichen am Unendlichen zu arbeiten. Wir wissen, dass das, was wir hier bauen, vergehen wird. Hängen wir unser Herz nicht zu sehr an das, was wir errichten und bisher gemacht haben. Auch das kann »Entweltlichung« meinen.

Wer weiß, was nach einigen Jahren aus einem Versuch entstanden sein kann? Ich glaube, es gibt sehr gute Gründe dafür, und einige habe ich aufgezählt, dass dieser Versuch nicht nur einiges versprechen, sondern hoffentlich davon auch halten könnte. Halten wir eine missionarische Strahlkraft noch für möglich? Vielleicht müssen auch wir uns »missionieren« lassen von den Menschen unserer Tage. Das Empfinden der Menschen unserer Tage lautet: »Zeig's mir!« Die Welt zeigt uns so viel – zeigen wir es denen doch auch mal! Zeigen wir, dass »anders« kein Fremdwort für uns ist. Dass wir zwar nicht unsere Botschaft der Welt anpassen, aber durchaus die Botschafter. Nicht den Inhalt, aber die Sprache. Nicht den Anspruch, wohl den Zuspruch.

Wie oft steht Kirche in den Augen der Menschen auf der Seite der Spielverderber, die dagegen sind, die erwarten, dass man sich ihr anpasst? Warum nicht einmal für die Menschen mit ihren geänderten Gewohnheiten und Bedürfnissen da sein? Warum nicht selbstbewusst im Vertrauen auf sich selbst und seine Botschaft, aber zugleich auch in voller Bedingungslosigkeit sagen: Und wenn du nur ein bisschen mitmachst, dann machst du eben nur ein bisschen mit. Halten wir unsere Botschaft selber für so unattraktiv? Ich glaube nicht!

Wir meinen: Wenn du zu uns kommst, dann bist du es uns wert. Solltest du jedoch Geschmack an »mehr« bekommen, dann wird es dir auch nicht schwerfallen, dem Anspruch der Botschaft zu folgen. Wenn du zweimal im Jahr ein Besinnungswochenende mitmachen möchtest – herzlich willkommen, wenn es deinem Leben Hilfe und Korrektur gibt. Und solltest du nicht getauft sein, so ist auch das kein Problem. Du darfst Teil unserer Gemeinde sein. Du musst dein Kind nicht taufen lassen, um den Segen Gottes zu bekommen. Solltest du es taufen lassen, dann jedoch mit dem Anspruch, dem eigenen und dem der Gemeinschaft, es auch religiös zu erziehen. Du musst am Sonntag nicht zum Gottesdienst kommen, aber dann solltest du auch dein Kind nicht dazu anhalten. Wenn ihr nicht sakramental heiraten wollt, dann gibt es für euch auch eine andere Möglichkeit und ihr müsst nicht zu einem privaten Hochzeitsredner gehen. Nach außen Zuspruch, bis es weh tut, nach innen wachsenden Anspruch.

Wir haben in Städten inzwischen genügend Kirchen, die nicht mehr als Pfarrkirchen genutzt werden. Da eine solche Gemeinde eher ein städtisches Modell sein würde, warum nicht eine Kirche für einen Versuch zur Verfügung stellen? Sollten sogar in verschiedenen Städten dieser Weg versucht werden, könnten sich die Verantwortlichen über Chancen und Schwierigkeiten austauschen und voneinander lernen. Welche Probleme sind bei euch aufgetaucht und wie habt ihr die gelöst, welche bei uns und wie sind wir damit umgegangen? Könnten Impulse aus solch einer Gemeinde nicht auch hilfreich sein für das traditionelle Modell, das viel Gutes enthält und weitergibt?

Wenn ich unterschiedlichen Stellen diese Idee skizziert habe, dann gab es darauf drei Reaktionen: 1. Das wäre einen

Versuch wert! 2. Das macht kein Bischof mit! 3. Damit würde man die Aktiven aus den Territorialgemeinden abwerben.

Die beiden ersten Reaktionen kann man erst einmal so stehen lassen. Doch die dritte, als Warnung gesagt, kann auch als Ermutigung verstanden werden. Persönlich glaube ich an eine solche Wirkung weniger. Wie viele der aktiven Gemeindemitglieder lieben ihre Gemeinde, haben eine Geschichte mit ihr, kennen Menschen und Gewohnheiten. All das gibt man nicht so leicht auf. Die wenigsten Aktiven wollen ihre Gemeinde verlassen. Es bleibt jedoch der Fantasie jedes Einzelnen überlassen, sich auszumalen, was geschähe, wenn alle Aktiven eine Territorialgemeinde verließen. Nicht wenige Fernstehende gehen wie selbstverständlich davon aus, dass der immer kleiner werdende Rest das Unternehmen »Gemeinde« lebendig hält für die Tage, an denen man darauf selbst zurückgreift. Nicht nur Handeln bringt Konsequenzen mit sich, auch das Fernbleiben zeigt irgendwann Folgen. Doch selbst dann ständen ja alle Türen noch weit offen. Nur eines ginge nicht mehr: von Kirche alles wollen, ohne selbst Kirche sein zu wollen. Das haben wir schon lange genug gemacht.

Wir sind immer weniger Volkskirche, haben aber noch das Erscheinungsbild und fühlen uns an vielen Stellen immer noch dazu berufen oder verpflichtet, Volkskirche zu sein. Eine Entscheidungsgemeinde neben den bisher bekannten Formen von Gemeinden wäre von ihrer Idee her nicht mehr Volkskirche, sondern Kirche im Volk. Vielleicht wäre sie nur eine kleine Gemeinde, aber das würde sie letztlich auch nicht von den bestehenden unterscheiden.

Statt nur Gemeinden zu fusionieren, warum nicht auch einmal hingehen und neue Gemeinden gründen? Von diesem neuen Typ von Gemeinde ist im Moment kaum mehr zu sehen als ein Grundriss, als das Fundament. Zweifelsohne ist es ein Wagnis, mit kaum mehr als diesem anzufangen. Doch genau darin liegt auch die Chance einer Neugründung, die nicht nach bekanntem Muster geschieht, sondern offen ist für einen neuen, noch unbekannten Aufbau. Viele der in den ersten Kapiteln angesprochenen Probleme würden in dieser neuen Gemeindeform eine Lösung bekommen, denn sie reagiert auf eine veränderte Gesellschaft. Traditionen würden beibehalten, aber nicht mehr folgenlos bedient. Gleichzeitig sucht diese Gemeindeform nicht ihr Heil in der kleinen Herde, denn sie ist offen für die Welt. Sie reagiert auf das Verhalten der Menschen durch eine angepasste Form, ohne dass der Glaubensinhalt angepasst wird. Ich bin davon überzeugt, dass es in vielen Städten Menschen gibt, die sich auf ein solches Wagnis einlassen würden. Die den Mut haben, nicht in ein bezugsfertiges Gebilde von Gemeinde einzuziehen, sondern Stück für Stück dieses zu errichten. Die mit der Heiligen Schrift in der Hand, mit zweitausend Jahren Geschichte, in Verbindung mit Bischof und Papst Orte des Glaubens neu ins Leben rufen. Und wir haben kluge Köpfe, die eine oder mehrere solcher Neugründungen theologisch, koordinierend, beratend begleiten können. Die technischen Möglichkeiten unserer Tage mit den unterschiedlichen sozialen Medien würden eine Vernetzung der Menschen mit ihrer Gemeinde und solcher Gemeinden in verschiedenen Städten erleichtern.

Wie könnten solche Gemeinden heißen? Sie haben kein fest umschriebenes Pfarrgebiet, sondern nehmen jeden auf, der kommt. Sie reagieren flexibel auf Veränderungen und Strömungen. Sind so etwas wie eine Arche. Diese ist als Ort erkennbar, hat aber kein klar umrissenes (Pfarr-)Gebiet. Warum sie nicht deshalb ›Arche-Gemeinden‹ nennen? Der große Vorteil wäre: Wenn Menschen, die sich an eine solche ›Arche-Gemeinde‹ gebunden hätten, von der einen Stadt in eine andere umziehen, dann finden sie dort vielleicht auch solch eine vor. Im konkreten Erscheinungsbild wird sie anders sein, aber von der Idee her wäre sie vergleichbar.

Ich wollte Priester werden, um Pfarrer zu werden. Ich habe das Pfarrersein aufgegeben, um Priester bleiben zu können. Diese ersten Skizzen einer anderen Form von Gemeinde lassen aus meiner Erfahrung die Kombination der beiden Bereiche mir wieder erstrebenswerter erscheinen. Und wer weiß, ob dies nicht auch andere am Beruf des Priesters und Pfarrers Interessierte so sehen? Im Moment wachsen in unseren Breiten aus verschiedenen Gründen die Gemeinden unter unterschiedlichen neuen Begriffen. Sie wachsen in der Fläche, der Anzahl der Kirchen, der Zahl der Gemeindemitglieder. Gleichzeitig geht die Zahl der Priester, der Hauptamtlichen und der Ehrenamtlichen zurück. Das skizzierte Gemeindemodel reagiert auf diese sich verschärfende Diskrepanz. Ein zusätzliches Model von Gemeinde lässt vielleicht den ein oder anderen Interessierten über diesen für mich schönsten aller Berufe wieder nachdenken. Wer weiß, ob manche Mutter, wenn sie vom Berufswunsch ›Priester‹ ihres Sohnes erfährt, demnächst freudig ausruft: »Um Gottes willen!«

Als ich schweren Herzens meine Gemeinde verlassen habe, da wurde ich auch mit dem Vorwurf konfrontiert, der Hirte verlasse seine Herde. Doch musste ich in dem Moment nicht selber darauf reagieren, sondern ein älterer Herr ergriff das Wort und sagte: »Das kann man selbstverständlich so sehen. Wenn jedoch auf den alten Wegen immer weniger Schafe mitgehen und man immer weniger weiß, wohin es gehen soll, dann muss es vielleicht auch Hirten geben, die die Herde einmal verlassen, um vorauszugehen und nach neuen Wegen zu suchen.«

Nachwort

»De Broosheid dragen« lautet im Niederländischen der Titel eines Buches von Jean Vanier über die Spiritualität der Gemeinschaft »Arche«. Übersetzt heißt das: »Die Zerbrechlichkeit aushalten«. Das könnte eine gute Überschrift sein für pastorales Handeln in der Zukunft. Ein langes und unglaublich tragfähiges System von Kirche und Gemeinden neigt sich in vielen Teilen dem Ende zu. Dankbar und wehmütig darf man darauf zurückschauen. Die Christen, die sich und ihre Fähigkeiten darin einbrachten, haben den Menschen ihrer Tage und dem Evangelium einen großen Dienst erwiesen. Wie überzeugend dieses Gebilde war, zeigt sich noch darin, dass selbst beim Rückbau auf allen Ebenen der Kirche, der Ehrenamtlichen, der Hauptamtlichen und der Bistumsleitung, im Sinne des Bisherigen zurückgebaut wird. Fusionen waren das Ergebnis von Einsicht in Notwendigkeiten und meist verbunden mit der Hoffnung, möglichst viel des Vergangenen für die Zukunft retten zu können.

In einem Interview zum Weltgebetstag der geistlichen Berufe sagte der Sprecher der deutschen Priesterseminare, Regens Hartmut Niehues: »Das System ist am Ende.« Wenige Worte beschreiben ein Dilemma, in dem wir uns trotz aller Bemühungen befinden. Eine Kirche, die die Gemeindeleitung vom Priester her denkt, hat massive Probleme, wenn sie keinen Priesternachwuchs mehr hat. Jahrzehntelanges Hoffen, Bemühen und Beten hatte nicht den gewünschten Erfolg. Hohe Kirchenaustrittszahlen auf der einen Seite und schwindende Gottesdienstbesucherzahlen auf der anderen zeigen das Bild vom Streichholz, das an beiden Seiten brennt. Die Löschmannschaften haben ihr Bestes gegeben, aber auch die werden weniger.

Mit einigen kurzen Skizzen habe ich in den ersten Kapiteln aus gut dreißig Jahren Dienst in einer Kirche, die mir geistliche Heimat ist, sowie an und mit den Menschen in den Gemeinden berichtet. Andere machen an anderen Orten andere Erfahrungen. Die große Welle der Zustimmung spricht aber dafür, dass meine Erlebnisse und Wahrnehmung kein Einzelfall sind. Im letzten Kapitel habe ich einen Versuch unternommen, den Ort von Kirche, an dem ich mich auskenne, an dem ich gelebt, geglaubt und gearbeitet habe – »Pfarrgemeinde« – einmal anders zu denken. Das Fundament ist unverändert, aber der Aufbau gestaltet sich neu und zwar für alle Menschen: die Ungetauften, die Suchenden, die Ahnungslosen, die distanziert sind und es bleiben wollen, die Aktiven und die Mitarbeitenden, die Hauptamtlichen und die Priester. Im Wesentlichen ändert er sich aber für die Getauften, die Kirche sein wollen. Sie wären nicht mehr Mitarbeiter der Hauptamtlichen, sondern diese würden ihre Mitarbeiter.

Natürlich ist dies ein Wagnis. Eine Gemeinde im Entstehen. Eine Gemeinde ohne klar umrissene äußere Grenzen, nach außen hin mit Zuspruch für jeden, nach innen hin mit wachsendem Anspruch. Die Getauften wären die Träger der Gemeinde, mehr, als sie es heute sind, und ein Pfarrerwechsel lange nicht mehr so ein Akt wie bisher. Die Aufgaben für die Priester würden weniger und wesentlicher. Diese Gemeinde wäre ein Gebilde, das »wie etwas Zerbrechliches getragen« werden muss. Unsere heutigen Gemeinden sind äußerlich noch funktionierend, selbst wenn immer weniger mitmachen. Wenn an einem Sonntag niemand mehr zur Eucharistiefeier käme, wäre ein bestehendes Problem nur noch größer geworden, aber das Ende der Gemeinde hieße dies nicht.

»Diesen Schatz tragen wir in zerbrechlichen Gefäßen; so wird deutlich, dass das Übermaß der Kraft von Gott und nicht von uns kommt« (2 Kor 4,7). Unsere Gefäße sind nicht zerbrechlich! Das Fundament kann wegbrechen, doch die Wände bleiben stehen, nicht aus Gottes Kraft, sondern aus eigener.

Eine entstehende Entscheidungsgemeinde wäre ein sehr zerbrechliches Gebilde. Ob die Zusage »Das Übermaß der Kraft kommt von Gott und nicht von uns« stimmt? Der innere Kern einer solchen Gemeinde wären Menschen, die aus der Kraft ihrer Taufgnade Kirche bilden. Der Kern der Mannschaft, auf die Jesus gebaut hat, war zu allen Zeiten ein sehr zerbrechlicher. Nichts hat sich daran bis heute geändert. Wir sind die zerbrechlichen Gefäße, in die Gott seinen Schatz des Glaubens hineinfüllt. Ob ich in einem Jahr noch Christ bin, kann ich heute nicht sagen. Aber heute bin ich es. Das ist wenig im Vergleich zu einem soliden Finanzhaushalt, einer renovierten Pfarrkirche, einem guten Personalschlüssel. Diese Dinge sind allein aus Verantwortung den Menschen gegenüber schon wichtig und wir können denen, die sich darum sorgen, nicht genug danken. Aber könnte die Gnade Gottes zur Not auch wegfallen? Wir wollen es nicht hoffen und hören angesichts der Herausforderungen seine Zusage: »Meine Gnade genügt dir, denn sie erweist ihre Kraft in der Schwachheit« (2 Kor 12,9a).

Je länger ich lebe und glaube, desto mehr wandelt sich auch mein Gottesbild. Mit den Jahren ist es eher fragiler denn stabiler geworden. Der französische Philosoph André

Comte-Sponville, selbst Atheist, hat zwei Essays[13] geschrieben über »Gott« und »Atheismus«. Er formuliert unter anderem: »Ich musste einmal mehrere Stunden auf der Kinderstation eines großen Pariser Krankenhauses verbringen. Da bekommt man eine hohe Meinung vom Menschen und eine ziemlich schlechte von Gott. ... Was ist eine Religion denn anderes als eine Lehre, die etwas, was wir nicht verstehen (das Vorhandensein des Universums, des Lebens, des Denkens ...), durch etwas erklärt, was wir noch weniger verstehen (Gott)? ... Der Atheismus schlägt eine glaubhaftere These vor. Wenn Gott nicht zu sehen ist und wenn wir nicht verstehen können, warum er sich verbirgt, dann liegt das vielleicht ganz einfach daran, dass es ihn nicht gibt.«

Drei Sätze, nach denen auch ich ein Atheist sein kann.

Doch er sagt auch: »Gott ist weniger ein Begriff als ein Geheimnis, weniger eine Tatsache als eine Frage, weniger eine Erfahrung als eine Herausforderung, weniger ein Gedanke als eine Hoffnung. Er ist das, was wir voraussetzen müssen, um der Verzweiflung zu entgehen.« »Das Gegenteil von Verzweiflung ist Glauben«, schreibt Kierkegaard und fährt fort: »Gott ist das einzige Wesen, das unsere Hoffnung vollkommen erfüllen kann.«

Die Münze mit der Frage nach Gott fällt auch bei mir immer wieder mal auf die Seite der Verzweiflung und macht mich zum Atheisten. Doch öfter fällt sie auf die Seite der Hoffnung und macht mich zum Glaubenden. Als solcher stehe ich gerne vor den Eltern, deren Kindern ich in der Taufe Gottes bedingungslose Liebe zusage und sie in die Kirche

---

13 André Comte-Sponville, in: Glück ist das Ziel. Philosophie der Weg, Diogenes 2010

aufnehme. Vor den Hochzeitspaaren und glaube mit ihnen an die Liebe in einer manchmal verzweifelnden Welt. Als dieser Glaubende stehe ich an den Gräbern und spreche dennoch von der Hoffnung. Ich stehe vor den Menschen und versuche die Welt und das Leben mit den Worten der Heiligen Schrift zu deuten – und am Altar und feiere das Geheimnis der Verwandlung.

Geweiht wurde ich am Pfingstfest, ein gutes Fest für eine Priesterweihe. Das 25-jährige Jubiläum fiel auf den Fronleichnamstag – für mich ist das mehr als ein schöner Zufall. Ich bin gespannt, was wir den nächsten Generationen für eine Kirche hinterlassen, wie die Kirche aussehen wird, in der ich mein goldenes Priesterjubiläum am 7. Juni 2037 feiern werde – übrigens ein Sonntag.

Wir stehen als Glaubende in der Spannung, dem nicht sichtbaren Geglaubten eine sichtbare Form, eine Struktur zu geben. Während wir dies tun, dürfen wir nicht vergessen, dass das von uns Geschaffene letztlich das uns Anvertraute nicht fassen kann, sondern vielmehr selbst davon umfasst wird. Ich finde das einen beruhigenden Gedanken: zu tragen und gleichzeitig getragen zu werden. Wenn uns unsere Zeit trotz unserer Bemühungen zu der schmerzhaften Einsicht führt, dass einige von den Formen, die wir Menschen gemacht haben, aus und vorbei sind, dann heißt das nicht, dass es aus ist mit dem Inhalt. Wir dürfen voll Vertrauen hinter manchem, das bis hier gut war, in Dankbarkeit ein »Amen« sagen. Vielleicht wird dann auch wieder der Blick freier für den Inhalt, um den es wesentlicher geht denn um die Form. Gestärkt im Hören auf das Wort Gottes können wir voller Hoffnung zu der Erkenntnis kommen: Das ist nicht das Ende!

»Selig sind die Suchenden«

Selig sind die Suchenden, denn sie werden es nicht alleine tun.
Selig sind die Besserwisser, denn sie werden überrascht werden.
Selig sind die Zweifelnden, denn sie werden aufmerksam leben.
Selig sind die Geduldigen, denn ihre Mühe wird belohnt werden.
Selig sind die Kerzen entzünden, denn sie werden dabei an andere Menschen denken.
Selig sind die Stillen, denn ihre Stille wird sich auf andere übertragen.
Selig sind die Fernstehenden, denn sie werden nicht übersehen werden.
Selig sind die Anspruchsvollen, denn sie werden auf den Anspruch Jesu treffen.
Selig sind die Neugierigen, denn sie werden neue Wege ausfindig machen.
Selig sind die Durstigen, denn sie finden Wasser auch für andere.
Selig sind die Praktiker, denn sie werden Theorien zum Leben erwecken.
Selig sind die Aufmerksamen, denn sie werden an Wegkreuzen ein Gebet sprechen.
Selig sind die Eltern, die ihre Kinder segnen, denn sie werden selbst gesegnet.
Selig sind die Hörenden, denn sie werden etwas läuten hören.
Selig sind die sich bekreuzigen, denn sie werden Gott in sich und der Welt entdecken.
Selig sind die Betenden, denn sie nehmen die Welt mit ins Gebet.
Selig sind die Dankbaren, denn sie sind die aufmerksamer Lebenden.
Selig sind die vor dem Essen beten, denn es wird ihnen besser schmecken.